A BRIEF HISTORY OF THE PHILOSOPHY OF TIME

時間をめぐる哲学の冒険

ゼノンのパラドクスからタイムトラベルまで

エイドリアン・バードン 著
佐金 武 訳

ミネルヴァ書房

ジェナとゼヴ、そしてマックスに本書を捧げる

A BRIEF HISTORY OF THE PHILOSOPHY OF TIME
was originally published in English in 2013.

日本の読者のみなさんへ

本書が日本語で出版されることに関して、私はとても光栄に思います。この困難な翻訳に取り組んでくれた佐金武氏に感謝します。

本書執筆時の私の関心は、現代の哲学的時間論を哲学の歴史におけるそのルーツに再接続することでした。時間に関する研究は、過去二五〇〇年の間にわたって、哲学的および科学的思考の発展の基礎となっています。現代の哲学的時間論はしばしば近視眼的で、時間の形而上学をめぐる最近の専門的な議論に集中する傾向にあります。しかし、歴史を無視し、あまりにも狭い視野で探究を進めてしまうと、木を見て森を見ない危険を犯すことになります。現代の哲学者は（そして物理学者と心理学者も）、哲学的時間論において過去に影響力をもった業績に向き合うべきだと私は考えています。

時間や変化とは何かということは、何千年もの間、学者たちが関心を寄せた中心的テーマでした。パルメニデスやエレアのゼノンのような初期古代ギリシアの哲学者たちは、変化の一見したところ逆説的な本性に疑いの目を向けました。何かが変化するということは、それがあるものでありかつ別のものであるということです。また、何かが創造されるということは、それが存在しかつ存在しないということです。このような理由により、変化は疑わしいと彼らは考えたのです。

ヒッポのアウグスティヌスのようなキリスト教の哲学者や、アル・ガザーリーをはじめとするイスラム教の哲学者たちは、時間の経過の問題を永遠性との関係において捉えました。これらの研究が、因果と知識、そして宇宙論的証明についてのイマニュエル・カントの考えに影響を及ぼしたことはあきらかです。カントは、今日の哲学的時間論ではしばしば見過ごされる観念論を、かなり洗練された形態へと発展させました。彼は自然科学に対するアイザック・ニュートンのアプローチを擁護すると同時に、空間と時間についてのニュートンの実在論的な見方には反論も提起したのです。

物理学と認知科学の新たな発展が形而上学、時間論理、現象学において諸々の革新的なアイデアを駆動したのに伴い、哲学的時間論への関心も二〇世紀に盛り上がりを見せました。哲学者たちは、古くからの時間に関する難問の取り扱いをいっそう洗練させるとともに、相対論および量子力学における発展に応答してきたのです。

哲学的時間論のもっとも大きな問題は、経験に現れる時間（出来事の経過や、経験における動的な変化）をいかして、科学的な時間（内在的な過去・現在・未来の区別なく、現代物理学において静的な出来事の順序として記述されるような時間）と調停させるかという問いをめぐるものです。その他の問題として、自由意志と時間についての科学的な見方をいかに調停させるかという問いや、時間に向きがあるように見えるのはどうしてか、因果と時間はどのように関係するかという問いもあります。これらの問題領域において歴史上の学識に確固とした足がかりを得なければ、そうした諸問題の現代的な探究はけっして完全なものとはなりません。

哲学的時間論は今日、アカデミックな哲学のなかでもっともダイナミックな探究領域です。そのための活発な哲学コミュニティが世界中に多く存在します。少し例をあげれば、北アメリカの「時間論協会（The Philosophy of Time Society）」、オーストラリアの「時間研究センター（The Centre for Time）」、そしてイタリアの「時間論センター（The Center for Philosophy of Time）」などがあります。

日本は哲学的時間論の探究にとっての重要拠点であり、近年では第一線の学者たちの関心をひく多くのワークショップが開催されています。日本はまた、とても活発な科学および哲学のコミュニティがあることでも有名です。将来、日本の研究者と海外の研究者の間で、さらなる学術交流がなされることを期待しています。

ウェイク・フォレスト大学哲学教授兼スコット・ファミリー・ファカルティ・フェロー
エイドリアン・バードン

謝辞

本書の草稿に対して、ヘザー・ダイク、クレイグ・カレンダー、Ｌ・ネイサン・オークランダー、バリー・デイントン、ユーリ・バラショフ、そしてエリック・シュリザーからたくさんのコメントをもらった。これにとても感謝している。また、オックスフォード大学出版局により選出された、六名の匿名の査読者から寄せられたコメントにも、大変感謝している。そして、クレッグ・クックは寛大にも、多くの問題を明確化してくれた。

本書のもととなったいくつか新しいバージョンの草稿を、自分の担当科目「時間と空間の哲学」のテキストとして用いた。反応してくれた学生たちに感謝する。

マルシア・アンダーウッドは親切に、本書収録の図表をデジタル形式に変換してくれた。彼女の独創性とデザイン力により、これらの図表は大幅に改善された。

妻ジェナ・レビンは、複数回にわたり本書原稿に目を通し、誤りがないかを確認し、有益なコメントを与えてくれた。

時間をめぐる哲学の冒険——ゼノンのパラドクスからタイムトラベルまで

目　次

イントロダクション　「時間とは何か」という問いは何を意味するか

時間はどうしてこれほど捉えがたいのか。われわれの存在を構成する部分のうち、時間ほど身近で基礎的なものはないだろう。だがしかし、実際にそれについて考えはじめるやいなや、これ以上にミステリアスで言葉にできない問題は他にないことに気づく。「言葉にできない」というのは、このことをとりわけうまく言い当てている。つまり、それは「言葉をこえている」ことを意味する。時間について考える足がかりを得るのが難しいのは、時間に関するわれわれの思考を言葉にすることさえ難しいからだ。

この基礎的な問題は有史を通じて懸命に検討されてきた。ほとんどの論者が同意するはずの、時間に関する二つの本質的な事実がある。第一に、われわれは、出来事がある種の順序にしたがって並んでいると考える。そして、今起こっていることは、その順序のなかでわれわれがどこにいるかに依存する。第二に、出来事は生成し過ぎ去るものだとわれわれは考える。つまり、時間を通じて、あるいは時間のなかで変化を被るものとして出来事を考える。（大雑把に言えば、第一の時間の側面を追跡するのにカレンダーが用いられ、第二の側面に対しては時計が用いられる。）しかし、これら二つの特徴は緊張関係にあるように思われる。出来事がある順序に並んでいるとすれば、それと同時に、出来事が生成し過ぎ去るなどとどうして言えるのか。時間の経過は実在するか。はたまた、われわれの経験の主観的側面にすぎないのか。そもそも、出来事が時間「のなか」にあるとはどういうことだろう。考えてみれば、世界を時間的に記述するとは何をすることなのかを説明することさえとても難しい。

この根本的な難問は多くの重要な副次的問題を生じさせる。われわれの時間経験とは一体どのようなものか。時間は何によって向きを与えられるのか。時間旅行は可能か。未来は白紙の状態であり、われわれの選択が重要だというのは正しいか。時間にはじまりはあるか。あるとすれば、どのようにはじまったのか。

本書の関心は哲学的時間論である。同じ主題に対する、科学的、心理学的、社会学的、または文学的な、その他のアプローチと哲学のそれはどのように異なるのか、いぶかしく思う人がいても不思議ではない。この問いに答えるには、哲学とは何かについて少し検討してみる必要がある。

正直に言えば、哲学者はたいてい、哲学とは何かを説明するよう求められることを恐れている。この問題の一部は次の点にある。すなわち、哲学は一つの題目というよりはむしろ、一つの活動（哲学的に考えるという活動）に関わるものであり、それゆえ、定義よりも実演してみる方が容易である。物理学、数学、文学研究、宗教に関わる研究、あるいはほとんどすべての探究領域とは異なり、哲学は独自のユニークな題目を有するわけではない。哲学的探究は、たとえば、科学や数学、芸術、宗教などの題目に関わることもありうる。哲学は実際には、それが問う問題の種類によって見分けられる。

哲学者は根本的な諸問題を問う。たとえば、科学についての次のような問題である。科学的説明とは何か。因果とは何か。経験的な研究にふさわしい領域とは何か。芸術についても、哲学者は次のように問う。美とは何か。何が芸術作品と見なされるのか。

哲学者は答えのない問いにおろおろし、あれこれ考えるのが好きであるという、不当な偏見がある。少なくとも現代のアカデミックな哲学に関する限り、これほど真実からかけ離れたことはない。哲学者は哲学的問いについて考えることを、実際には終わりのない〔精神修養のための〕瞑想のようなものとはみなしていない。哲学者は骨の折れる抽象的な問いを扱う一方、答えのない困った問いを避けようとする。実際、答えるのが難しい問いと、無意味であるか、うまく形成できていないような問いを区別することは、哲学の企図の大きな部分をなす。哲学的問いにつきまとう困難は、非常にゆっくりだが前進は可能である。前進がゆっくりであることがおそらく、前進がないことと混同されてしまうのだろう。

時間とは一体何なのかについてよりよい理解を得るために、哲学者がなすべき二つの大きな仕事がある。すなわち、どのような問題を問うべきかを正確に把握すること、そして、それらの問題にどう答えるべきかを把握すること、これら二つの仕事だ。これらのうち第一のものはしばしばより骨の折れる仕事であって、本気で取り組む哲学的な仕事では共通して主要な課題である。

「時間とは何か」という問いを理解する際、われわれはまずターゲットを定めることからはじめる。時間について問いが発せられるとき、何が問われているかを把握することは一筋縄ではいかない。日常の言説においてわれわれは、「過去」、「現在」そして「未来」というような時間的な用語を、それらが何を意味するかについてあまり考えずに使用する。世界を記述する際に科学者は、説明上、時間的な尺度や時間における〔連続的〕継起、あるいは前後関係といった時間的な概念の理解を前提とする傾向がある。時間についての問いを定式化できるようにするには、時間に関するわれわれの諸概念に何が含まれているかということや、日常会話と科学的言説の両方で、どのような事実や概念が当然のものとみなされているかということを慎重に見る必要がある。

時間はたしかに測定と何らかの関わりをもつ。このことはしかし、あまり多くを教えてはくれない。というのも、時間によって測定されるのは持続であり、持続は時間的な概念だからである。時間はまた一つの座標系として考えることもできる。出来事は時間「のなか」に位置する。そしてまた、出来事は相互に固定化された時間的位置をもつ。このことは、異なる空間的位置をもつことや、数直線上の異なる位置をもつこととは何か違うことを意味する。だが、正確にどう違うのか。最後に、時間は変化と何らかの関わりをもつ。これもまた単なる出発点にすぎない。というのも、時間とは何かを理解することなしに、変化とは何かをはたしてどのように理解しうるか、これを見定めるのはかなり難しいからだ。なにしろ変化には、何かが異なる時点で異なる性質をもつということが含まれているのだから。われわれはまた、時間「の」変化についても語る。たとえば、われわれはときとして、未来は近づき、過去は遠ざかると述べる。だが、これは実在する現象だろうか。それとも、別の何かについての比喩表現だろうか。

次に、方法論の問題もある。哲学的問いが哲学的であるのはまさに、普通とは異なる方法論が要求されるためだ。日常的な問いのなかには、権威に訴えること（たとえば、専門家に意見を求めたり、本で調べたりすること）で解答可能なものもある。また、実験や観察、そして帰納推論によって答えられるような問いもある。哲学者が専門とするのはまさに、こうした日常の発見法にはしたがわないような問いに取り組むことである。哲学の方法には、理性および論理の革新的な使用が含まれる。どんな哲学的プロジェクトであれ、それを構成する大きな部分は、これらのツールを使って、俎上に載せられた問題をどう理解し、いかに取り組むかを見出すことなのである。

馬鹿げた無意味な問いもある。しかし、骨は折れるし抽象的だが、答えることのできる問いもある。私が思うに、時間に関する問いは後者のカテゴリーに属する。時間に関する問いは扱いにくい哲学的問いになりがちであり、それゆえ、時間は難しく頭を悩ませる問題である。「時間は実在するか」と問うことは、たとえば、ミツユビナマケモノは実在するかと問うことと、根本的に異なる企てである。後者の問いが何を意味するかをわれわれは知っている。また、答えをどのように探し出せばよいかも知っている。中央アメリカやナマケモノが群れをなすと知られる別の場所に赴き、できる限りそこにいるすべてのナマケモノを見つけて、その足指を数えればよい。どのようなときにミツユビナマケモノの発見に成功あるいは失敗したと言えるか、われわれはそのことを知っている。何頭か見つかるかもしれないし、慎重かつ徹底した探索の結果、見つからないかもしれない。しかし、そのいずれかである。前者のケースなら、問題は解決する。後者のケースなら、ミツユビナマケモノは存在しないという絶対的な確信はもてないかもしれないが、存在しないと結論することは合理的でありうる。これとは対照的に、時間が実在するかどうかを見定めることはまったく異なる事柄である。辺りを探し回れば、いつか発見されるようなものではないのだ。

哲学者は歴史的に、ありふれた探究の方法では歯が立たないような、知識と実在に関する諸問題に特別の注意を向けてきた。数を例にとろう。たとえば、7という数それ自体はものとして実在するだろうか。それはあきらかに、岩やナマケモノのように物質的なものではない。しかし、われわれはそれについて語り、それを用いて問題を解決する。ゆえに、それは物質的ではないが、シャーロック・ホームズやネス湖の怪獣のような虚構でもない。また、われわれはいかにして、7足す5が12であることを知るのだろう。われわれはこれが真であることを知っているが、ナマケモノが存在するかどうかを知るのと同じ方法でそれを知るのではない。哲学者はこのような諸問題にどう答えればよいかを示そうとする。しかし、そこに含まれる諸問題は本性上扱いにくいものであるため、哲学者はまず、これらの問題の意味をどう理解すべきかを示さなければならない。そして、これを成し遂げるにはしばしば、さらに根本的な諸問題に取り組む必要が生じる。何かが実在するとはいかなることか、何かが真であることをわれわれが知るとはいかなることか、そういった根本的な問題に取り組むことが要求されるのである。

哲学にとって最大の関心事の一つである、また別の古典的な例を考えよう。すなわち、道徳的事実の存在についてである。よく調べた結果、殺人現場には死体と血のついたナイフがあり、指紋まで発見されるかもしれない。だが、これらの要素に加えて、殺人という行為が道徳的に悪であることは、どんなに綿密に調べても、われわれが実際に見てとることができる何かではない。殺人は悪いというような道徳的事実は、われわれは自分たちがそれを知ることができると考えたくなるような事柄である。しかし、正確にはそれがどのような種類の事実であるかということや、われわれはどうしてそれを知っているかを説明することはとても扱いにくい問題だ。こうした事実をどのように位置づけるか、そして、どのようなときにその事実の発見に成功したと言えるかを理解することは、一連のプロセスの重要な部分を構成する。

さらに別の例として色について考えよう。照明条件だけでなく、観察者によっても色は変化することをわれわれは知っている。だとすると、ものは本当の色をもつのだろうか。色は世界に実在する性質だろうか。色は単に、ある別の特徴を備えた諸対象の側に存在する傾向性であって、それが特定の種類の視覚経験をもたらすと考えるべきだろうか。これらは色に関する哲学的問いである。これらの問いと色についての科学的な理解の関係性に注意しよう。哲学的問いは、目下の状況の科学的な記述からはじまる。諸対象は特定の波長で光を反射する。そして、われわれの脳は通常、それに対応する種類の視覚を、可変的だが予測可能な仕方で心に記録するように組織化されている。この基本図式は争点ではない。争点となるのは、「何かが性質であるとはどういうことか」や、「客観的なものと主観的なものの線引きはどこにあるか」といった、より深く抽象的な問いである。色に関するこれらの哲学的問いにより、われわれの理解は深まる。色の知覚に関する科学を通じて何が分かったのか、また、それについてのベストな見解とはどのようなものか。こうした諸問題へ主題を推し進めることで、目下の状況に対するわれわれの理解は深まるのである。

これらの例は、時間がなぜそれほど異様で言葉にできないものと考えられているかを理解する助けになるかもしれない。時間が実在するかどうかに関する問いは、ナマケモノが実在するかどうかに関する問いというよりはむしろ、数や道徳的事実、そして色が実在するかどうかに関する問いに近いかもしれない。時間について考えるとき、われわれはどうしようもなく助けを必要とする。というのも、時間に関する問いには明確化が求められるからだ。また、これらの問いに答えるのに適した方法論も定めなくてはならない。幸いにして、これこそまさに哲学者が得意とする仕事である。

時間について説明を求めるとき、われわれが求めているものとは何か。その答えが得られたと言える条件を、われわれはいかにして知りうるか。理性と論理だけで実質的な答えが与えられるか。経験科学についてはどうか。われわれの時間経験と経験科学により描かれる時間、それらの関係はどのようなものか。われわれの時間経験を理解することは、時間それ自体を理解することとどのように関係するか。これらは哲学的問いである。そして、哲学的時間論の歴史においては事実、それらの問いに答えることに関して、実際に前進が可能だと考えられる多くの理由が与えられている。

何千年もの間、才能ある思想家たちがこれらの問題に取り組んできた。われわれにとってこれはよい知らせである。彼らがかなりの土台作りをしてくれたことで、多くのことがずいぶん明確化されたからだ。数世紀を通じて、時間の本性に関する理論は主に三つのカテゴリーに分かれた。すなわち、

観念論、**実在論**、そして**関係主義**である。観念論者は、時間が単に主観的な問題で、実在においてそれに対応するものは何もないと考える。実在論者は、時間は実在のものであって、出来事にとって根本的なある種の基盤であると主張する。関係主義者はいわば中道を行く。すなわち、時間は出来事相互の関係の一つにすぎないが、時間によって記述されるその関係は実在すると考える。

古代ギリシアの学説も、時間に関するこれら三つの基本的な見解に分けられる。時間をめぐるわれわれの旅は、この初期の論争からはじまる。

第1章　時間と変化

重さははかりを用いて、温度は温度計を用いて測定される。では、時間を測定する（たとえば、時計を用いて）とき、われわれが測定するものとは何か。古代世界の学者のなかには、この問いに対する答えを次のように考えるものもいた。すなわち、時間と呼ばれるものは単に変化の尺度である、と。実在するのは変化する宇宙であり、時間は規則的な変化と運動から派生し、それらを追跡するために用いられる。この見解の主導的な提唱者は、ギリシアの名高い哲学者アリストテレスである。彼はプラトンの一番弟子であって、アレキサンダー大王の教師でもあった。この問題における彼の哲学上の論敵はパルメニデスとゼノンだ。彼らは変化の実在性を否定し、したがって、時間の実在性も否定したのである。

エレア派

今からおよそ二五〇〇年前、地中海地域の古代の人々の間では、驚くほどレベルの高い学術活動が行われていた。数学から政治学に及ぶ研究の諸領域に加えて、形而上学のたくさんの異なる学派（実在の本性それ自体に対する哲学的探究を専門とする学派）が存在した。これらの学派の多くに共通する一つのアプローチは、見かけと実在を区別し、単なる見かけがいかにしてわれわれを欺きうるかをある仕方で強調することだった。このような思想をもつ影響力のある学派の一つは実際、変化の実在性を否定した。この学派の支持者はギリシアの植民地であるイタリア沿岸のエレアからやって来たので、「エレア」派として知られる。（エレア派が主張するところではまた）変化なしには時間は存在せず、それゆえ、変化の実在性を否定することは時間の実在性を否定することでもある。変化など存在しないという考えは奇妙に聞こえるかもしれないが、この理論の提唱者は、その主張を支持する驚くほど説得力のある論点を提示した。

エレア派には、自然に関する初期の偉大な哲学者のうちの二人が含まれる。すなわち、パルメニデスとゼノンである。パルメニデスは紀元前五一五年ごろ生まれ、少なくとも六五歳まで生存したと考えられている。その弟子であり盟友であるゼノンは、パルメニデスより二五歳ほど若かった。彼らの業績に関しては、古代および中世の他の学者の著作において引用されたり議論されたりした、諸々の断片しか現在では記録が残っていない。とはいえ、彼らのことは当時よく知られていた。実在に関する彼らの見解は、同時代のヘラクレイトスのそれとは正反対である。ヘラクレイトスが論じたのは、実在は果てしない変化によって特徴づけられ、世界において不変なものは何もないということだった。彼は次のように主張した。流れる川の水は絶えず入れ替わるにもかかわらず、われわれは川を同一のものとして認識する。それと同じように、われわれが気づいていないとしても、われわれの意識は常に変化し、われわれが経験するものも常に変化するのである。これとは対照的に、急進的にも見えるような、一つの中心的な考えがエレア派では共有されていた。すなわち、すべての変化は幻覚だという考えである。世界全体は実際のところ、変化のない無時間的な統一体なのだ。哲学的な観点から言えば、彼らの立場は時間に関する**観念論**である。時間は実際には自然に帰属されるものではなく、心のなかにある一種の観念にすぎない。このような直観に反する考えに対して、それに有利なことが何か言えるだろうか。後に明らかになるように、かなりのことが言える。

ゼノンのパラドクス

ゼノンによる有名な運動のパラドクスの重要なポイントは、エレア派における変化の否定である。ゼノンのパラドクスは数千年にわたって学者たちを魅了し続けた。ゼノンは今となっては分からないほどたくさんのパラドクスを考案し、それらは古代の多くの学者たち（とりわけ、アリストテレス）によって様々な仕方で検討された。これまでもっともよく議論され、パルメニデスも共有した変化に関する諸前提とも密接に関係するゼノンのパラドクスは、「二分法のパラドクス」、「アキレスと亀のパラドクス」そして「飛ぶ矢のパラドクス」として知られている。

①二分法のパラドクス

一ブロック先の食料雑貨店へ、一定のペースで歩いて行こうとする人がいたとしよう。（彼女をアタ

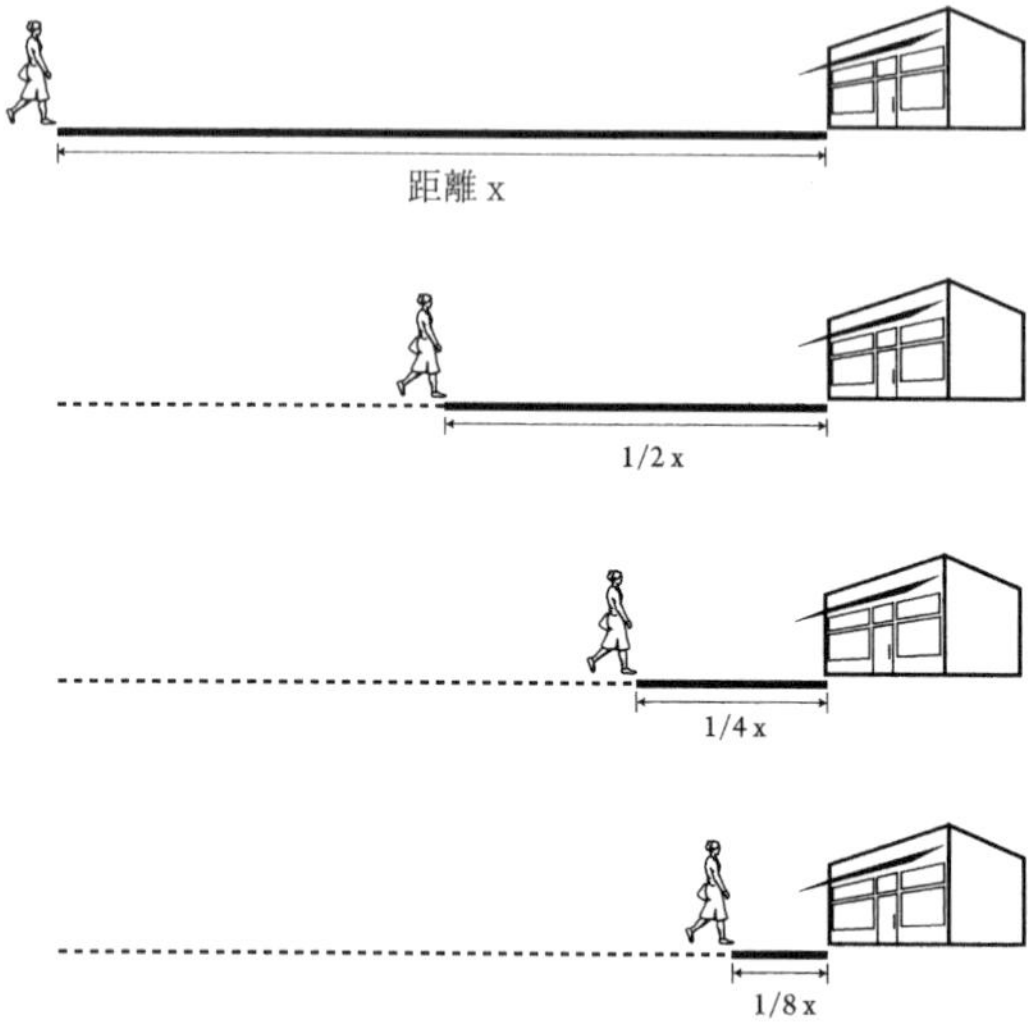

図1－1　以下、無限に続く。アタランテは店に到着するまでに、有限の距離を無限回進まなくてはならないように思われる。

ランテと呼ぶことにする。）店に到着するにはまず、アタランテはその店までの半分の距離を進まなくてはならない。したがって、まだ進むべき道のりが残っている。そこから店にたどり着くには、残る距離の半分（つまり、全体の距離の四分の一）を彼女はさらに進まなくてはならない。そこまで来たとしても、残る距離のさらに半分（全体の八分の一）を進まなくてはならず、以下同様である。つまり、アタランテが店に到着するには、有限の距離を無限回進まなくてはならない（図1－1参照）。有限の量の時間のなかで、彼女にそれをすることはできないはずだ。したがって、彼女は決して店にたどり着かないだろう……。もちろん、人はいつだって、問題なく目的地にたどり着く。

これが二分法のパラドクスのパラドクスたるゆえんである。

②アキレスと亀のパラドクス

運動に関するゼノンの第二のパラドクスも、第一のパラドクスとよく似た主張をする。偉大なアンチヒーロー、アキレス（不幸にも踵を負傷するまで、彼は足が速いことで知られていたという）が、彼よりもずっと足の遅い亀と競争しているところを想像しよう。アキレスに対して亀には、ハンデとして有利なスタートが与えられる。アキレスが亀に追いつくにはまず、アキレスが走り出したときに亀がいた地点（これを地点Aとする）にたどり着かなくてはならない。その間、亀の方はさらに先の地点Bまで進み、ゆっくりとではあるがもっと先に進み続けているだろう。アキレスが亀に追いつくには、地点Bに到達しなくてはならず、さらにその先の地点Cなどについても以下同様である。第一のパラドクスと同じく、アキレスが亀に追いつくには無限のステップを要するように思われる。各ステップを完了するには、有限の量の時間（これは絶えず減少する）があればよい。しかし、この一連のステップには終わりがないことを、われわれは知っている。このような仕事を一体誰にやり遂げることができるだろうか。

③飛ぶ矢のパラドクス

ゼノンの第三のパラドクスは種類の異なる議論を提起する。空中を飛ぶ矢について考えよう。それは本当に運動しているのだろうか。ゼノンによれば、それはありえない。理由は次のとおりだ。何かが運動しているかどうかは、その対象についての今の事実であるはずで、それについての過去の事実（すなわち、それがどこか別の場所にあったという事実）でもなければ、未来の事実（すなわち、それがどこか別の場所にあるだろうという事実）でもない。さて、どの瞬間においても、矢はその大きさと同じ空間のみを占めている。しかし、自らの大きさと同じ空間しか占めないならば、それは止まっている。それゆえ、どの時点においても、矢は運動することができない。同じ理屈が運動するどの対象についても当てはまる。だから、運動は不可能である。

ゼノンの結論はこうだ。ものがどんなに移動し変化するように見えるとしても、理性と論理により運動の可能性は排除される。移動そして変化一般は幻覚である。これがパラドクスに関するゼノンの強固な考えなのだ。世界の真なる本性（すなわち、変化のない世界の極致）は、感覚や経験を度外視し理性のみを頼りとするとき、われわれの前にその姿を現す。

ゼノンに対するアリストテレスの回答

ゼノンに関して知られていることは、主としてアリストテレスを経由している。ところで、そのアリストテレスは、変化の実在性に対するエレア派の批判に抗った人物でもある。アリストテレスにとって、変化は実在する。諸対象は一つの場所から別の場所に移動し、季節は移り変わり、氷は溶ける。そうした変化が実在する。彼は時間と変化の関係を見てとったが、その関係がどのようなものかについてはいくらか説明が必要である。

アリストテレスの師であるプラトンは、時間を単に変化と同一視するような、時間に関するある種の素朴実在論に共感を示した。プラトンの対話編『ティマイオス』において、ティマイオスなる人物は、時間それ自体を天体（太陽、月、そして諸々の惑星）の運動と同一視する。さらに続けて彼は、これらの天体が軌道にのって回ることをやめてしまったとしたら、時間も終わるだろうと主張した。だとすれば、この見解にもとづくと、時間が変化と関係するのは、時間が単に特定の運動の集まりと同一視されるためだ。プラトン自身が本当のところ何を考えていたかは定かではない。だが彼は実際、ティマイオスの説明は時間に関する「もっともらしい理論」であると記述している。他方、アリストテレスは、天体が軌道上で止まって動かなくなったとしても、何か他のものが運動する限り、時間はやはり経過するはずだと指摘し、ティマイオスの学説は受け入れられないと考えた。

アリストテレスは続けて、時間は単に運動や変化一般と同一視することもできないと言う。彼は次のことに注意を向ける。変化は偶然的で局所的《ローカル》な現象であるが、直近で何が起こっていようとも、時間はどこでもすべてのものにとって等しく経過すると考えられる。さらには、変化は速くなったり遅くなったりすることも可能だが、時間はそうではない。「速い」や「遅い」は時間によって定義されるのであって、その逆ではない。したがって、時間は文字どおりには変化ではありえない。

アリストテレスにとって、変化と時間の関係は同一性の関係ではない。むしろ、測定されるものとそれを測定する手段の関係に近い。また、時間はプロセスではない。そうではなく、自然における諸々のプロセスを記述するために利用可能な、「数」あるいは単位のようなものだ。アリストテレスの言葉を用いると、「時間は前後に関する変化の数である」。他の抽象的な数量と同じく時間は、実際には自然の一部を構成することなく、自然について何か実在的なものを捉えるある種のシステムである。二頭のヒツジを見るとき実際には、それらのヒツジに加えて、「二なるもの」がゴロっとそこにあるわけではない。しかし、だからといって、ヒツジが二頭いることが本当は間違いであるということではない。そしてまた、太陽は月よりも明るいとか、ゾウはネズミよりも大きいということを真なることとして主張することもできる。単なる関係としての「より明るい」や「より大きい」が、太陽や月、ゾウやネズミのように、実際には世界に存在するものではないとしても、そのように主張することができる。同様にして、数えられる時間がゴロっとそこにないとしても、『ハムレット』の上演はテレビアニメの放送よりも二時間長いと主張することができる。そのとき実際になされるのは、地球や月の軌道、あるいはコチコチと音を立てる時計（アリストテレスの時代においては、ポタポタとしたり落ちる水時計と言った方が近いかもしれないが）のような規則的な運動が、持続の単位として使用されるということなのである。そして、これらの単位はまた、他の持続や運動あるいは変化を数えたり、順序づけたり、測定したりするために使用することができる。時間それ自体は、こういったものを数えたり、順序づけたり、測定したりするために使用される単位のシステムであり、その意味においてのみ存在する。だとしても、出来事が起こった時点や時間的な順序に関して、完全に正確な言明が不可能であることを意味しない。時間に関するこの見解は、出来事の間に成り立ちうる客観的関係を捉える手段として時間を扱うもので、その点において**関係主義**と呼ばれる立場の一種である。

アリストテレスの理論のおかげで、ゼノンに対しては、変化がれっきとした実在の側面として保持されるような、そうした応答が可能になる。ゼノンのパラドクスは、時間と時間によって測定されるものの混同に依拠している、アリストテレスはそう考えた。アリストテレスにとって、時間は変化を記述するために用いられる測定の単位である。時間とはそのようなものであるから、物質の領域というよりはむしろ数学の領域に属する数量なのだ。彼は次のように論じる。定められた数学の領域において（単に）数学的な数量について語る場合、無限、構成、そして無限分割可能性といった諸概念は異なる働きをする。この事実によりゼノンのパラドクスは解消される。まず、「二分法のパラドクス」と、それに類似する「アキレスと亀のパラドクス」について考えよう。アリストテレスの考えでは、時間とは数直線のようなものであり、そうした直線のどの線分も潜在的には無限分割可能である。たとえば、整数２と３の「区間」をとって、それを半分に分割し、さらに四分の一に分割し、またさらに八分の一に分割するといった具合に無限に続けることができる。アリストテレスが論じるところでは、これが実際に意味するのは次のことである。２と３という数の間には無限個の異なる点（これらの点は当の数直線の線分の可能な分割のそれぞれに対応する）があり、その距離の任意の部分区間のより小さな任意の部分の内部にも、無限個の異なる点があることを認めることができる。とはいえ、物質的対象がより小さな部分から構成されるのと同じように、２と３の距離がこれらの点から構成されているわけではない（そして、構成されることもありえない）。抽象的な数学の領域のために定められた規則は、物理的な実在のために定められた現実の規則と混同されてはならない。ユークリッド幾何学における点は長さゼロである。しかし、物質の世界においては、長さゼロのものをどんなに積み重ねても、有限の長さのものを形成することはできない。幾何学的な点は実際には、単に潜在的な部分分割に対する抽象的な境界であるにすぎない。時間における瞬間についても同様だ、とアリストテレスは論じる。時間の長さ（たとえば、食料雑貨店へ歩いて行くのにかかる時間）は、物質的あるいは物理的な意味において、無限個のより小さな有限の時間の長さから現実に構成されるのではない。ゼノンによる運動のパラドクスの最初の二つは、ある場所から別の場所に到達するのにかかる時間が、無限個の有限の時間の長さから現実に構成されるという想定に依拠している。仮にこのように想定するならば、どのような運動をするにも、無限個の異なる仕事を終わらせなければならないと考えたゼノンは正しかったことになるだろう。〔だが、その想定は間違っている。〕ゼノンのパラドクスは時間（抽象的な単位のシステム）と変化（時間の単位によって測定可能な実在の現象）の混同に依拠する、これがアリストテレスの結論である。そして、彼なら次のように言うだろう。このような誤ったパラドクスが存在するということこそ、自分の時間の分析が正しいことの証左である、と。

こうした議論によって、アリストテレスは最初の二つのパラドクスが提起した問題を解決できたのだろうか。ゼノンのパラドクスが本当に解決されたのは、いくつかの新たな数学上のアイデアが一九世紀になって現れてからだと主張する論者もいる。現代の数学にある概念が付け加わった。仮に変化それ自体を記述することが許されるとすれば、ゼノンのパラドクスがより直接的に解決されるような概念である。それは**極限**という概念だ。この考えにしたがうと、「二分法のパラドクス」のようなケースにおいて、有限の数量が無限に積み重なって有限の和になることができる。現代の微積分学では、（1/2＋1/4＋1/8＋1/16…）の和は1に近づく、もしくは収束すると言われる。この数量は当の加法プロセスの「極限」である。（これとは対照的に、〔1＋2＋3＋4…〕という列の和は極限をもたない。）運動を終えるとは極限に達することだということを受け入れるなら、アタランテもアキレスも、自分たちに与えられた仕事を成し遂げるのに何も不可能なことをする必要はない。この区別はある点では、「二分法のパラドクス」と「アキレスと亀のパラドクス」において問題となる「可能」無限は、「現実」の広がりをもつ無限と混同されるべきではないという、アリストテレスの主張とうまく調和する。しかし、アリストテレスの解決が（単なる抽象としての）時間の規則と（実在の現象としての）変化の規則を区別することによって矛盾を回避するのに対して、極限という概念は、一つの有限の列が無限個の有限の列に矛盾なく現実に分割可能であることを記述するための方策を与える。言いかえると、この回答においては、アリストテレスの回答がそうであるように、抽象的な時間と実在の変化という線引きに頼らなくてよい。しかしながら、先の方策が一つの解決として機能するのは、収束する系列は現実に収束すると主張するだけで、パラドクスへの回答を与えたことになるという考えに満足できる場合に限られる。極限は実在のプロセスに対する本当の終点なのだろうか。あるいは、ゼノンとアリストテレスが格闘した、時間と変化に関する形而上学的な問いを無視する、新たな数学上の規約にすぎないのだろうか。アタランテの雑貨店への買い物は極限への収束を表している、そう言ったといったところでどうかなるものだろうか。ゼノンにとってもアリストテレスにとっても、そのようなことは実在の運動であるようには見えなかっただろう。アリストテレスのアプローチは他の諸理由により十分なものではないかもしれないが、実在の運動主体に対して数学上の奇策を押しつけないという点では長所もある。

ゼノンの「飛ぶ矢のパラドクス」は別の議論を提起しているように見えるが、それに対するアリストテレスの回答は根本的には同じ論点に依拠する。すなわち、「飛ぶ矢のパラドクス」の問題もまた、時間が単なる幻覚ではないとすれば、それは諸々の瞬間から現実に構成されねばならないという誤った前提にもとづいている、アリストテレスはそう考えた。任意の瞬間にどのような状態にあるかが明らかになってはじめて、何かは運動することができるとゼノンは仮定している。アリストテレスなら次のように言うだろう。運動とはゼロではない持続をもつ時間間隔を通じた運動である、と。だから、われわれは、「マイル毎時」や「メートル毎秒」といった用語により運動を記述する。瞬間は定義により持続ゼロである。それゆえ、瞬間を通じた運動という考えは支離滅裂だ。0秒あたりに進んだ距離というのは運動を表す割合ではない。ある瞬間における静止という考えも同じである。ゼノンの理屈では、何かがある瞬間において静止しているということは、0秒で0メートル動いたということである。静止をこのように記述することはまったく意味をなさない。むしろ、何かが静止状態にあるならば、それは0メートル毎秒進んでいると言うべきである。アリストテレスの診断は、「飛ぶ矢のパラドクス」もまた他と同様、抽象的な値（すなわち時間）と現実の変化の混同にもとづく間違ったパラドクスであるというものだ。抽象的な値は諸々の瞬間へと数学的に分割可能であるのに対して、現実の変化は文字どおりに無限小の変化から構成されているわけではない。

アリストテレスの理論のもっとも大きな長所は、これらの直観に反するパラドクスを直ちに解消するということである。さらには、アリストテレスがエレア派の見地から（つまり、理性に則って）ゼノンに答えたことにも注目しなければならない。たいていのケースにおいて、世界がある特定のあり方をしていると主張しようとするとき、そのための最善の方法は観察や実験を行うことだとわれわれは考えがちである。だが、エレア派の世界観は全体として、感覚経験は根本的に信頼できないという考えにもとづいている。エレア派に応答する際、観察と証拠に頼ることは論点先取になるということに、アリストテレスは気づいていた。だから、彼の時間の分析はむしろ、時間と変化に関して理屈を通すことのみに依拠している。それゆえ、自然世界に関するわれわれの知識について、アリストテレスは単純な論点先取を犯しているという応答はゼノンには許されない。

パルメニデス流の観念論

アリストテレスにとって、ゼノンのパラドクスはそれほど思い煩うべきものではない。ゼノンの同志である観念論者、パルメニデスに対する彼の議論はまた別の話である。パルメニデスはすでに、変化は幻覚であるというテーゼを支持する別の議論を提起していた。紀元前五世紀ごろ、パルメニデスは長大な散文詩をものした。（現存するのはそのわずかな断片だけである。）その散文詩において、彼は変化の可能性を疑う一つの筋道を提示した。（ちなみに、これがとりわけ興味深いのは、世界に現存する最初期の広範囲にわたる哲学的論証の実例であると広く考えられているためだ。）

語られるべき道として　なお残されているのはただ一つ——
すなわち（あるものは）あるということ。この道には
非常に多くのしるしがある。すなわちいわく　あるものは不生にして不滅であること。
なぜならば、それは姿完全にして揺がず　また終わりなきものであるから。
またそれはあったことなく　あるだろうこともない。今あるのである——一挙にすべて、
一つのもの、つながり合うものとして。それのいかなる生まれを　汝は求めるのか？
どこからどのようにして生長したというのか？　あらぬものから、と言うことも
考えることも　私は汝に許さぬであろう。なぜならあらぬということは
語ることも考えることもできぬゆえ。またそもそも何の必要がそれをかり立てて
以前よりもむしろより後に無から出て生じるように促したのか？
かくしてそれは　全くあるか　全くあらぬかのどちらかでなければならぬ。
それにまた　あるものどものほかに何かが　無から生じて来るなどとは
確証の力がけっしてこれを許さぬであろう。このゆえに司直の女神ディケーは

足枷《あしかせ》をゆるめてそれが生じたり滅んだりするのを放任することなく、
しっかと保持する。そしてこれらについての判定は　一にかかってこのことにある、
すなわち、あるかあらぬか――。しかるに判定は　必然のこととしてこう下された、
すなわち、一方の道は考ええず言い表わしえないものとして放棄し（真実の道ではないから）、
他方の道は実在のもの　真実のものとしてこれを選ぶべしと――。
そもそもどうしてあるものが　後になって滅びえようか。どうして生じえようか？
もし生じたとしたならば、またあろうとするのであったとしても、常にあるのではない。
かくて「生成」は消し去られ、「消滅」はその声が聞けないことになった。[1]

この魅惑的な断片で提示されるいくつかのはっきりした論点がある。パルメニデスにとって変化を考えることは、何かが別の何かになると考えることである。そして、そこには必然的に、何かあるもの（あるいは、バラが色褪せるといったようなものの状態）が未来であることから、現在であることへ、そして過去であることへと移りゆくという考えが含まれている。だとすれば、変化を考えることは、未来から現在、そして現在から過去への時間の経過を考えることと固く結びついている。何かが「未来においてわれわれを待ち受けている」とか、「われわれの過去にある」と述べることはよくある。別の場所がそこにいて目撃しなくても実在するのと同じように、過去や未来をあたかも実在的に扱うようなものだ。しかしながら、時間に関するわれわれの日常的な考え方では、現在は実在するものと見な

されるのに対して、過去と未来は実在するものとは見なされない。(つまり、何かが実在するならば、それは今実在する。)この意味において、過去と未来が現在と対比されることもまた事実である。仮に未来と過去の出来事が今実在するとしたら、それらは現在であることになってしまう。それゆえ、何かが過去や未来であると考えることは、あらぬものを考えることなのである。(「そもそもどうしてあるものが後になって滅びえようか。どうして生じえようか。もし生じたとしたならば、またあろうとするのであったとしても、常にあるのではない」。)こうして、パルメニデスは次の結論に達する。世界を時間的に記述するとき、われわれは矛盾を犯している。変化についてどのように語ろうとも、過去や未来を実在しかつ実在しないものとして語ることになるのである。

これに加えて、パルメニデスは次のように述べる。現在ではないものについての語りが、あたかも何かが存在するかのように見えながら、実際にはないものについての語りであるのと同じく、変化についての無意味な語りはわれわれを奇妙な習慣と信念へ導く。(「なぜならあらぬということは語ることも考えることもできぬゆえ」。)また、変化を認めるならば、われわれは事実上、無から何かが生じうると主張していることにもなる。というのも、未来は無であるので、どんな出来事であってもそれが生じることは、無から何かが生じることだからである。文字どおり無から生じるものの存在や特性を説明することはできないし、それがなぜ別の瞬間ではなく特定の瞬間に生じるかを説明することも一切できない。(「何の必要がそれをかり立てて以前よりもむしろより後に無から出て生じるように促したのか」。)変化が実在するなら、ものが現在の存在から消えてなくなりうることも暗示されるだろう。だが、どこへ消えてなくなるというのか。

これに対して、次のような反論があるかもしれない。時間には変化とは独立の、もう一つ別の次元があるように思われる。動きを止めた時計やテーブルのように、変化することなく持続（persist）あるいは耐続（endure）するようなものについてはどうだろう。[2] 変化がまったくないことを認めたとしても、ものが耐続する限り経過する時間はやはり存在するのではないか。パルメニデスは、このような反論があることを予想している。彼の応答はこうである。耐続〔持続〕するものは、時間的部分をもたなくてはならないはずだ。今存在する部分に加えて、今は存在しないがかつて存在した部分、そして、未来にのみ存在する部分がなくてはならない。だがそうすると、このようなものはやはり、存在しかつ存在しないことになるだろう。存在するものが存在しない部分をもつことはありえない。（「またそれはあったことなくあるだろうこともない。今あるのである――一挙にすべて」。）

パルメニデスにとって、この説明から得られる教訓は、変化は幻覚であり、したがって、われわれに現象として現れる世界は実在ではありえないということである。エレア派がいわんとすることのすべてはここにあった。すなわち、われわれが知る世界は、絶えず移りゆく多くの一時的な対象とそれらの諸特性や諸関係によって成り立っているが、それは単なる主観的な見かけの問題なのだ。この散文詩の別の断片には、次のように述べられている。

……まことにあるもののほかには何ものも

現にありもせずこれからあることもないだろう。運命《モイラ》があるものを縛《いまし》めて
それを完全にして不動のものたらしめているのであるから。このゆえに
死すべき者どもが真実と信じて定めたすべてのものは　名目にすぎぬであろう――。
生じるということも滅びるということも、ありかつあらぬということも、
場所を変えるということも、明るい色をとりかえるということも。(3)

われわれが感覚を通じて変化の実在性を受け入れる限り、われわれの感覚は根本的に当てにならない。運動や変化、時間の経過の経験は、われわれ自身の限られたパースペクティブの実在への投影である。「時間についての語り」は実際にはつじつまが合わない。このことは、時制やその他の時間的な言語の使用がわれわれに許されていることにより隠蔽されてしまう事実である。パルメニデスなら次のように言うだろう。自分たちの感覚能力や本能が何を教えてくれるかについて一歩身を引き、われわれがおく諸前提が本当に意味をなすかどうかを冷静に判断すれば、これまでに述べたことは理解される、と。あるがままの世界それ自体は単一である。つまり、統一され不変であり、かつ完全なのだ。*

結論は過激だが、エレア派の世界観はそう簡単におとしめられるべきではない。感覚経験が世界のあり方の正確な見取り図を与えるということについて、われわれはどのような保証を得ているというのだろう。われわれはたしかに、自分たちの生存を促進するような仕方で周囲の世界と相互作用することができ、そのようにして自分たちの感覚は進化すると考えている。そして、このことはまた、信

念を形成するわれわれの能力が、どちらかといえば信頼できることを含意するように思われる。結局のところ、身の回りに関する信念が頻繁に間違っているとしたら、われわれは自分たちのおかれた環境と折り合いをつけるのに苦労することになる。しかし、世界が本当はどのようなものかに対する深い洞察が、生存に不可欠であるということはあまり明らかではない。それゆえ、感覚による知覚があらゆる点において、実在する世界が本当はどのようなものかを明らかにするなどと当たり前のように考えるべきではない。生存という観点から見て必要とされる信念は、現在経験していることを前提として、われわれが次に何を経験するかを予測し、どのような行動をとるべきかを考えることと関係している。だが、こうした予測を行うことに大きな成功を収めながら、それにもかかわらず、自らの経験を分類し諸状況に当てはめるわれわれのやり方が、実在を正確に反映しているかどうかはよく分からないというようなことは起こりうる。それほど洗練された算定が行われなかった時代、太陽が地球の周りを回っていると考えることは至極自然なことだった。そして、仮にそのように考えても、われわれが日々行う生存と繁殖の努力において、何も問題は生じないだろう。トマトは野菜だと信じるかどうかにかかわらず、それに栄養があることは事実だ。水はH_2Oでできていることを否定する場合

＊　二つの重要な事実を除いて、このことは神秘主義的で宗教的な立場のように聞こえるかもしれない。それら重要な事実の第一のものは、エレア派はその結論に到達するのに、信仰ではなくむしろ理性と論理を頼りにするということだ。第二の重要な事実は、エレア派の見解にもとづくと、何ものも生成は不可能であるから、宇宙創造などありえないということである。

や、われわれがそもそも分子という概念をもっていない場合にも、水は健康によく、心身を爽快にする。ヘビやクモのすべてが危険なわけではないとしても、種類にかかわらずそれらに対して、われわれが本能的に恐怖を感じることは意味をなすだろう。これらの例と同じく、変化という観点から考えることがわれわれにとって「うまくいく」という事実は必ずしも、事物が本当に変化することを意味しないのである。われわれの限られたパースペクティブを前提とすればおそらく、事物を時間的に表すことは、われわれにとって世界を描く最善の方法かもしれない。それはどことなく、二次元の絵画でも三次元の風景を暗示することができることと似ている。

パルメニデスに対してアリストテレスにも言い分はあるが、それは不完全なもので、ゼノンに対する回答ほどは参考にならない。「今」や「現在」を単なる瞬間以上のものを指示するために使用する（たとえば、「今日」と言われる場合のように）ことは、形而上学的観点からすると問題があるというパルメニデスの主張に、アリストテレスは同意する。というのも、どの瞬間においても、今日という日のある部分は過去であり、別の部分は未来であることになってしまうからだ。このようなルーズな時間的語りを深刻に受け止めるならば、パルメニデスがその議論において利用するような矛盾に陥ってしまうだろう。アリストテレスは、異なる種類の変化を区別することによってこの問題を解決できると考えた。彼の回答においては、存在するものが存在しないものから生じることはありえないというパルメニデスの主張に焦点が当てられる。この主張に対してアリストテレスは、変化とは無から何かが出現することではないと応答する。われわれはただ、変化する当のものに対して、その形態や諸性質、あるいは諸側面を区別すればよい。変化するのはこれらである。ある人の顔が青ざめるとしても、その人は無から誕生するわけではない。むしろ、持続するもの（すなわち、当の人物）が、可変的な属性を伴って存在するのである。それゆえ、パルメニデスの言葉で言えば、当の人物は青ざめていることも青ざめていないこともありうるが、自らが存在しかつ存在しないということなしにそれは可能である。もっとも、人は誕生することができるということもまた正しい。だが、アリストテレスならこう論じるだろう。溶解したブロンズを像に形成することができるのとちょうど同じように、存在する根本的実体を新しい形に作り変えることによってのみ、人は誕生することができる。像の形成について言えば、それは無から創造されるわけではない。そして、像を溶解しても、それが無になるわけではない。

残念ながら、この回答においてアリストテレスは、パルメニデスが提起する主要な論点に対処していない。重要な問題は次のことだ。すなわち、（アリストテレスの言う性質における変化を含め）あらゆる種類の変化を記述する際われわれは、新たな状況が生じる未来の実在、そしてまた、それが過ぎ去る過去の実在にコミットすることになるかどうかという問題である。しかし、未来と過去が実在することはありえない。実在するとすれば、何によってそれらは現在と区別されるかという疑問が生じるからだ。未来と過去が実在しないならば、未来であることから現在へ、現在であることから過去へと経過しうるものは何も存在しない。経過がないならば変化はない。変化がないならば時間はない。この、、、ことこそ、パルメニデスが提起する、変化と時間の経過にまつわる根本的な問題である。そして、アリストテレスはこうした懸念を払拭することを何も述べていない。

その結果、アリストテレスはゼノンに対しては筋の通った回答を与えたかもしれないが、パルメニデスの論証の中心部に到達したかといえば、実際にはそうではない。パルメニデスの議論とそれが表す時間の観念論は、後にヒッポのアウグスティヌスによって見直される。アウグスティヌス（五世紀カトリック教会司祭、聖アウグスティヌス）は、ベルベル人の家系の北アフリカ人である。彼はもっとも重要な初期キリスト教神学者でありながら、注意深く洞察力に優れた哲学者でもあった。彼は多くの著書を執筆したが、もっともよく知られているのは『告白』である。そこでは、彼のキリスト教への回心についての説明が、時間、記憶そして宇宙論に対する非常に洗練された哲学的探究と組み合わされる。

アウグスティヌスの神学的観念論

アウグスティヌスは時間の実在性をめぐる古代の論争を熟知しており、われわれと時間の関わりの理解に大きな関心をもった。アウグスティヌスの時間に対する第一の関心には神学的な基礎があった。彼にとって気がかりだったのは次のような問いだ。「宇宙を創造するより前、神は何をしていたか」。また、「宇宙が創造されるより前には、（神以外の）何ものも存在しなかったとすれば、宇宙はなぜ別の時点ではなく特定の時点において創造されたのか」。この最後の問いはとりわけアウグスティヌスを悩ませた。創造より前には神以外の何ものも存在しなかったとすれば、神がその特定の瞬間に宇宙を創造しようと決心したとき、神に、あるいは神のなかで一体何が起こったというのか。その瞬間、新たな衝動が生じたに違いないということは、神の変化を仄めかす。だが、永遠で完全な存在者がなぜ変化を求め、それを必要とするのか。

アウグスティヌスの回答は、時間と変化に関する観念論を支持する一連の議論に少し手を加え、それを受け入れるというものだ。パルメニデスと同じく、時間と変化は人間の精神という主観的な現象であると彼は論じる。

彼の目標は、時間に関するわれわれの素朴な理解を問題にすることだ。その有名な問いはこうである。「ではいったい時間とは何でしょうか。だれも私にたずねないとき、私は知っています。たずねられて説明しようと思うと、知らないのです[4]」。アウグスティヌスは次のような論拠を提示する。

> ではこの二つの時間、過去と未来とは、どのようにしてあるのでしょうか。過去とは「もはやない」ものであり、未来とは「まだない」ものであるのに。また現在は、もしいつもあり、過去に移りさらないならば、もはや時ではなくて、永遠となるでしょう。ですから、もし現在が時であるのは過去に移りさってゆくからだとするならば、「現在がある」ということも、どうしていえるのでしょうか。現在にとって、それが「ある」といわれるわけは、まさしくそれが「ないであろう」からなのです[5]。

したがって、パルメニデスの場合と同じく、過去と未来は（今）存在せず、それゆえ、それらは実在しない。さらには、現在はより小さな持続へと無限に分析可能である。われわれは今日という日について語ることができるが、そのある部分は過去であり（それゆえ存在せず）、また別の部分は未来である（ゆえに存在しない）。この一時間、この一分などについても同様だ。どの時間を取り出しても、そこには現在ではない時点が含まれる。現実的で、それとして識別可能な現在の時点が存在するようには思われない。

アウグスティヌスは次のように続ける。だが、われわれは広がりをもつ一区切りの時間に意識を向け、それら一区切りの時間を互いに比較し、現在の状況を過去のあり方と比較することもできる。

しかも私たちは時間を測ります。それは、まだない時間ではなく、もうない時間でもなく、ひろがる間《ま》のない時間でもありません。また、終わりのない時間でもありません。すなわち、私たちが測るのは未来の時間でも、過去の時間でも、現在の時間でも、過ぎさりつつある時間でもありません。しかも私たちは時間を測るのです。(6)

われわれが意識を向ける過去、現在あるいは未来が実際には存在しないとすれば、時間を意識することがいかにして可能か。時間の実在論にとって、これは重大な問題である。アウグスティヌスの回答は、時間は精神のなかにのみ存在するというものだ。記憶、感覚そして予期はわれわれに諸々の印象をもたらす。そして、これらこそ、われわれが時間の経過について判断するとき、測定され比較されるものなのである。精神の外にある何ものも実際には持続しない。そうではなくむしろ、「精神の集中が持続する」。記憶と予期により、われわれの経験に時間的次元が与えられる。だがそれは、精神の外にある何かが現実に耐続し、変化していることの真正な知覚ではない。過去と未来の違いは単に記憶と予期の違いにすぎない。

だとすれば、アウグスティヌスにとって、時間は人間の発明品である。時間は宇宙それ自体に当てはめることも、神に当てはめることもできない。神は、アウグスティヌスが「永遠」と呼ぶ、ある種のパルメニデス流の無時間的状態において存在する。このようにして、アウグスティヌスの神学的問題は解決される。なぜなら、時間の経過が神に当てはまらないとすれば、宇宙が創造されるより前に神は何をしていたかという問いや、神はなぜ別の時点ではなくある特定の時点に宇宙を創造しようと決心したかというような問いに現実的な意味はないからである。

アウグスティヌスはこうして、扱いにくい神学上の諸問題を放逐したいという欲求にかられ、パルメニデス流の時間の観念論に解決を求めた。その過程において彼は、過去、現在、未来、そしてまた時間の経過について、われわれがどのように判断するようになったかをめぐり、いくつかの素晴らしい問いを提起した。しかしながら、アウグスティヌスは、これらの問題に対する自分の取り扱いが、時間の観念論にとって非常に難しい問題を生じさせることに気づいていなかった。すなわち、過去、現在、未来、そして時間の経過をわれわれは決して現実には経験しないとすれば、そもそもこれらの概念が得られるようになるのはどうしてかという問題である。仮に時間に関するこうした判断が間違いであるとしても、それらの判断にはどこか出どころがあるにちがいない諸観念が含まれている。問題は次の点にある。すなわち、アウグスティヌスの説明は、時間的な諸概念がそもそも何に由来するかを明らかにすることなく、これらの概念を使用できることを当てにしている。アウグスティヌスは記憶と予期について語る。そして、それらが時間的な広がりの代わりとなるある種の比喩的な精神の「広がり」を作り出し、時間の客観性にまつわる混乱を誘うその手口について述べる。記憶は定義上、過去の表象である。だが、記憶がわれわれの理解するその意味をもつのはいかにしてか。何かが過去にあるということの意味を知ることなく、われわれはどのように記憶を（たとえば、感覚や想像の産物としてではなく）記憶として認識するのだろうか。パルメニデスとアウグスティヌスは、過去は存在せず、それゆえ、われわれは決して現実には過去を経験しないという点について同じ考えをもっている。未来もまた同様である。これらの観念論者が正しいとすれば、過去や未来という概念はそもそもどのように生まれてきたのだろう。次章においてわれわれは、これらの誤りとされる諸概念がどこからやってきたのかを説明する際に考えてみるべき、二、三の異なる方策を検討する。

訳者注

（1）パルメニデスによる断片の日本語訳については、内山勝利編『ソクラテス以前哲学者断片集：第Ⅱ分冊』（岩波書店、一九九七年、断片8、八六-八七頁）を参照。

（2）現代の時間論の用語法では、「耐続する（endure）」は、ものがその同一性を保持しつつ持続することを意味することがある。しかし、この段落の後の議論からも分かるように、ここで筆者は必ずしもこうした用語法を前提としていない。ちなみに、現代の用語法ではしばしば、ものが異なる時点において異なる時間的部分をもつことによって持続することを「延続する（perdure）」と表現する。

（3）内山勝利編『ソクラテス以前哲学者断片集：第Ⅱ分冊』（岩波書店、一九九七年、断片8、八九頁）を参照。

（4）アウグスティヌスによるテキストの日本語訳については、山田晶訳『告白Ⅲ』（中公文庫、二〇一四年、第一一巻一四章、三八頁）を参照。

（5）前掲書、三八–三九頁。

（6）前掲書、七〇頁。

引用文献

Aristotle. *Physics.*（アリストテレス『自然学（アリストテレス全集3）』出隆・岩崎允胤訳、岩波書店、一九六八年）

Augustine. *Confessions*, trans. by R. S. Pine-Coffin (London: PenguinBooks, 1961).（アウグスティヌス『告白』山田晶訳、中公文庫、二〇一四年）

Gallop, David. *Parmenides of Elea* (Toronto: University of Toronto Press, 1984).

Palmer, John. *Parmenides and Presocratic Philosophy* (Oxford, UK: Oxford University Press, 2009).

Plato. *Timaeus.*（プラトン『ティマイオス（プラトン全集12）』種山恭子訳、岩波書店、一九七五年）

本章の諸問題に関連する他の文献

Coope, Ursula. *Time for Aristotle* (Oxford, UK : Oxford University Press, 2005).

Hoy, Ronald. "Parmenides' Complete Rejection of Time," *Journal of Philosophy* 91 (1994), 573–598.

Huggett, Nick. *Space from Zeno to Einstein* (Cambridge MA : The MIT Press, 1999).

Matthews, Gareth. *Augustine* (Oxford, UK : Blackwell, 2005).

Sorabji, Richard. "Is Time Real? Responses to an Unageing Paradox," *Proceedings of the British Academy* 68 (1982), 190–213.

Turetzky, Philip. *Time* (New York : Routledge, 1998).

第2章　観念論と経験

われわれは、次のような疑問を提起することで前章を締めくくった。すなわち、(a)われわれは直接的には過去や未来を決して経験することはできないが、(b)過去と未来に対する記憶と予期のつながりをすでに理解しているがゆえに、記憶と予期がわれわれの理解するところの意味をもつのだとすれば、過去と未来というまさにその観念は一体どこに由来するのか。われわれが過去と未来の観念をもつことは明らかであり、思い出すことや予期することが何を意味するかを理解することに何ら問題はない。しかし、われわれがいかにしてこれを達成したかを説明することはまた別の話であって、それは時間そのものの本性について多くを教えてくれる。前章でわれわれは、変化が実在するかどうかに関する形而上学的な問題が、古代世界での議論の焦点だったことを見た。それに対して、一七〜一八世紀の啓蒙時代においては、時間的な諸概念の起源に関する認識論的な問題が独自の中心的関心となったのである。

ロックの誤り

名高い英国の哲学者ジョン・ロックはおそらく、『統治二論・第二部』の著者としてもっともよく知られている。この著書は、「社会契約」による統治という概念を論じた初期の議論のなかでもっとも重要なものである。ロックはまた人間の心についても研究を行った。彼にとってそれは、政治的自由に対する自らの関心と密接に連動するものだった。それ以前の一〇〇〇年以上にわたるヨーロッパの歴史は、(国王や宗教上の指導者といった)少数者のみが真理に接近する特権をもつとする主張によって特徴づけられた。このような主張が諸々のドグマや伝統の基礎となっていたのであり、それは権力を盤石なものとするのに利用されることもあった。それを受けて、ロックは長い年月を費やし、『人間知性論』と題された書物のなかで、人間の観念や言語、知識に関する大規模な検討に取り組んだ。この取り組みにおける彼の大きな目的は、人間の知識はすべて、突き詰めれば経験と経験に対する内省を組み合わせることから派生し、それ以上のものではないことを示すことにあった。これは**経験主義**として知られる学説である。経験主義と自由のつながりをロックは次のように見ていた。すなわち、正しく思慮をめぐらすことができる科学的な精神をもつ個人にとって接近不可能であるにもかかわらず、宗教や市民社会における権威にはそうすることが特別に許された、そのような真理が存在するという主張は、経験主義によりその根拠を失うのだ、と。

このプロジェクトの重要な部分としてロックは、次のことを説明しようと数百ページを割いている。すなわち、複合観念や抽象観念でさえ、突き詰めれば感覚経験のみに由来するのであるが、それはいかにしてか。さらにまた、継起的連続、持続そして永遠といった、基本的な時間の観念が何に由来するかを説明することに、彼は一つの章をあてている。ロックは時間に関する観念論者ではない。彼は時間の実在論者であり、時間と空間はそれら自体が実在的な存在者だと考えたニュートン（第3章を参照）の信奉者でもあった。しかし、ロックは次のことも認めていた。実在論の見解にもとづく場合でさえ、時間は感じることも見ることも、そして、その他の直接的な方法では観察することもできないのだから、現実的な経験の対象ではない。そういうわけでロックは、われわれがそれでも経験のみから時間の観念を得るのはいかにしてかを説明することに着手した。継起と持続の観念の起源について、ロックが述べなければならないのは次のことである。

> だれでも自分自身の心に経過するものを観察しさえすれば、その人には明白であるが、目ざめているかぎり、知性に観念が絶えず系列をなして継起する。私たちの心へこのようにいろいろな観念が次々に現れることとの内省、これこそ私たちに継起の観念を提供するものであり、この継起の任意の部分間の距離、いいかえれば任意の二観念が心に現れる間の距離、これが私たちの持続とよぶものである。(1)

「観念の系列（train of ideas）」によってロックが言及するのは、通常の思考や知覚の連続的順序である。たとえば、待っていたバスがやって来るのを見る、そして、自分の鼻が痒いのに気づき、鼻を掻く、

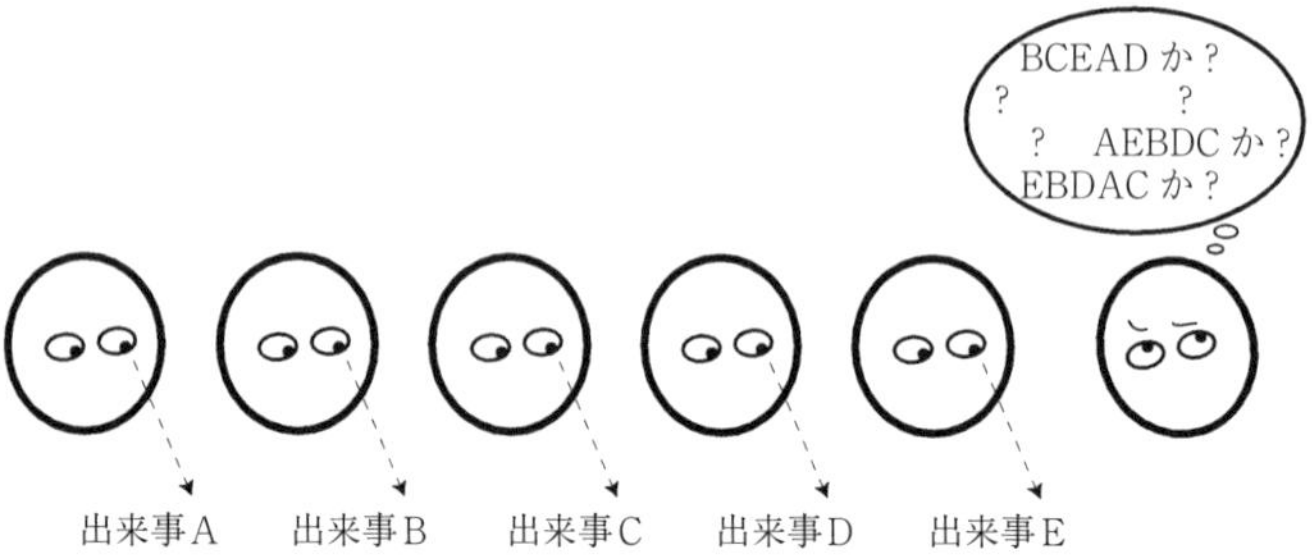

図2-1　これらが再現される時点において、記憶はどんな根拠にもとづいて特定の順序で再現されるのか。またそもそも、記憶はどんな根拠にもとづいて再現であるとみなされるのか。

その後、自分が仕事に遅刻しそうかどうかを考える、といったような順序だ。ロックは次のように示唆する。時間的継起の概念をわれわれが得るのは、元をたどれば、このような知覚が起こる最中もしくは事後に、それらの継起を内省することによってである。直接的な継起の経験はおそらく、このようにしてわれわれに与えられるだろう。

　こうした説明が正しいことはありえないのはなぜか、あるいは、せいぜい不完全な説明にとどまるのはどうしてかを見て取ることは重要である。ロックが主張しているのは、継起の観念は、諸観念の継起の直接的な経験から派生するということだ。しかし、継起の内省的経験が生じるどの瞬間においても、その継起の構成要素のたった一つのみが心に現れるのではないか。だとすれば、すべての観念からなる系列全体に対して内省を行うには、過去の観念や経験を記憶において再現することが必要となるだろう（図2－1参照）。単に過去の経験のいくつかが再現されるだけでは、継起の観念は生じないはずだ。その継起の観念を構成する諸々の要素は、異なる時点に起こるものとして捉えられねばならない。さもなければ、それは継起の記憶にはならないだろう。継起の記憶は、重ね合わされた多くの心的内容からなる、一つの複合的な思考とはまったくの別物である。ある連続的順序についての内省された記憶が、その内省によってそのようなものとして、つまりは記憶として同定される、ロックはそう語らねばならない。言いかえると、その種の内省的な活動が起こり、それにより過去の経験が言及されることをわれわれはすでに理解している、これを前提としなければならないのである。記憶として捉えられた記憶は、何かを過去として同定することをすでに含んでいる。だが、時間的継起の観念がしかるべき役割をすでに果たしているのでない限り、「過去性」なる観念は経験する者にとって何も意味しえないだろう。ある出来事が時間において別の出来事の後にくるということがどういうことかを知らないとしたら、現在の出来事に続いて別の出来事が起こることにより、現在の出来事が過去になるということも意味をなさないだろう。

要約しよう。何らかのレベルにおいて時間的継起の概念を理解せずに、諸々の観念や経験の継起をどうして一つの継起として認識することが可能か、ロックはこれを説明していない。それゆえ、継起というまさにその観念が経験から派生することに関する彼の説明は、このままではうまくいかないのである。*

＊　直接的な継起の経験の可能性を示唆すると言えるような説明もあるかもしれない（本章で後に見る、「現象学的現在」に関する議論を参照）。だが、ロックの説明はそれとは異なる。

カントの観念論による解決

偉大なる一八世紀プロイセンの哲学者イマニュエル・カントはおそらく、時間と時間に対するわれわれの意識について、それ以前の誰よりも深い考察を行った。ロックと同じくカントもまた、政治哲学と知識および心の研究の両面において生前大きな名声を得たが、彼の業績はそれにとどまらず、道徳哲学、美学、その他多くのテーマに及んだ。彼が提示したもっとも興味深い議論のいくつかは『純粋理性批判』のなかに現れる。この著作は大規模で難解ではあるが、その大きな目的は、科学的知識の権利要求に対する諸々の懐疑的な懸念を払拭することにあった。この知識の可能性を説明する際、ロックやその他の経験主義者が犯した失敗をカントは見て取ったが、彼のプロジェクトの多くの部分はそこから着想を得ている。近代の科学は、物質的実体や因果、そして空間と時間といったいくつかの重要な概念に多くを頼っている。科学は根本的なレベルにおいて、これらの概念により世界を記述する。これらの概念を用いて世界を記述する際、事物を正しく理解していることに確信を得るには、われわれは何ゆえそれらを自分たちの経験に適用する資格をもつのかを説明する必要がある。ロックや彼の同朋の経験主義者は、これら根本概念の科学的な使用に関して満足な説明を与えられていない、カントはそのように評価した。

カントの回答においては、抽象観念（とりわけ、物質的実体や原因と結果、そして空間と時間といった基礎的な諸観念）の起源を再検討し、これらの観念を用いてなされる、世界に関する科学的な一般化を正当化することが求められる。ここからさらに、心がその周囲で起きていることについて諸々の観念を形成しはじめるのはいかにしてかという問題について、再び新たな探究を開始することが求められるのである。彼の洞察は次の点にあった。すなわち、認識というものを理解する鍵となるのは、認識によって達成されるもっとも根本的な事柄を理解することだ。それは結局、すべての整合的な経験を可能にするということであり、もっと言えば、自らの経験を時間にもとづいて解釈するということなのである。継起の観念の起源にまつわるロックの問題は、一つの解決への途を指し示しているとカントは考えた。その解決とはつまり、時間とは感覚可能な経験の形式にすぎず、時間における諸経験の順序づけは、心それ自体が経験に対して順序を付与することから派生するというものだ。言いかえれば、時間の観念論（少なくとも、カントの考えたそれ）こそ、科学的知識の可能性に関する懐疑論の問題への解決なのである。

『純粋理性批判』のはじめの段階でカントは、空間と時間に関する自らの観念論的立場を明らかにしている。経験においてわれわれが見出すものと、われわれの経験の本性それ自体をカントは区別する。彼が言うには、空間と時間はもの自体（things in themselves）ではない。それらはむしろ「経験の形式」にすぎない。（言いかえると、知覚と経験を心に記録する、われわれのそのやり方が空間的あるいは時間的であるということだ。）名詞としての「時間」と「空間」ではなく、これらの概念の副詞的な使用に焦点を当てる方がより目標に近い。別の言葉で言えば、われわれは時間と空間において事物を経験するというよりは、時間的かつ空間的にそれらを経験するのである。ロックの考えに対して、カントの重要な発見は次のことだ。物質的対象は空間的にしか考えられない。それと同じように、経験は時間的にしか考えられない。時間の観念は経験から派生するとロックが示唆するとき、彼の説明はあべこべになっている。そうではなく、むしろ経験が時間を前提とするのである。

パルメニデスやアウグスティヌスと同じく、実在それ自体は無時間的（atemporal）であるとカントは結論する。そのようなもの（すなわち、無時間的な実在）は思考可能だろうか。「その答えはイエスでありノーだ」*、カントならそう言うだろう。彼の理論は、想像力がこの点において不可避的に失敗せざるをえないことを説明する。事物をこのような仕方で〔時間的かつ空間的に〕経験するということは、われわれの感性の還元不可能な部分をなしており、われわれは文字どおり、事物の他のあり方を想像することはできない。だが、われわれは知性において時間の観念性を受け入れることができる。この点では、時間の観念性は無限という数学の概念に似ている。われわれは無限を想像することはできない。（たとえば、無限個あるリンゴの心的イメージを思い起こすことはできない。）しかし、無限が何を意味するかは理解することができる。無時間的な実在が実践上われわれにまったく何も意味しないとしても、理論上は理解可能な何かである、カントはそう考える。

時間に関するカントの見解は概ねこのとおりだが、時間意識（time-awareness）についての積極的な説明に肉づけを行うにはこれ以上のことが必要になる。時間に対する経験主義的アプローチの欠陥を指摘するだけでは十分ではない。カントによれば、経験が成立する必要条件として、時間的継起の概念が適用される。継起が経験の対象ではなく、それゆえ、どの個別ケースにおいても推論されねばならないとすれば、いかにしてこのようなこと〔時間的継起の概念の適用〕がうまくいくのだろうか。

ある出来事Aの後にある出来事Bが続く、こうした推論はどのようにして始動するのか。カントにとってその回答は、実体および原因の概念と関係する。われわれの心とは独立の物質的世界という概念は、因果関係によって相互に結びついた物質的実体という概念と根本的には同じである。実体および原因はその点において、物質的世界という考えにとって必須の概念なのである。カントの基本的なアイデアは次のとおりだ。自らの経験を時間において順序づけることは整合的な思考の必要条件であり、これに取りかかる唯一の方法は、自分の身の回りで起こる諸々の事物に対して、それらの経験がどのような関係にあるかという観点から考える以外にない。カント以前の論者は、次のことを当然のように考えた。まず、主観的な経験の流れから出発する。その流れはしかし、すでに空間的かつ時間的に組織化されており、自分たちの身の回りで何が起こっているかを考える手段はそこから推論される、と。だが、カントはこの想定を完全に逆転させる。彼は次のように論じた。世界の仕組みに関する何か一般的な概念により自らの経験の解釈が制約されない限り、どの瞬間における経験も、空間的

＊　われわれの時間的な諸概念が実在する時間的な諸関係の経験に由来することはありえないという自らの立場を根拠として、実在は無時間的であると結論したことに対して、カントはこれまで批判にさらされてきた。時間的概念が時間的関係の経験に由来しないという主張はそれだけではたしかに、実在的な時間的関係が存在しないことを意味しない。しかし、カントは次のように応答することができるだろう。時間とは何かに関する自分の理解が正しいとすれば、われわれが実在をどのように経験するかということから抽象して考察された、そのような実在に適用可能な概念として時間を考えることさえ意味をなさないのだ、と。

かつ時間的に組織化された何か確定的な一連の出来事を表していると考える根拠はない、と。「ゴロっとむこう側に存在する」事物のあり方に関する生得観念（お好みなら、それを本能と呼んでもよいし、生物学的に決定された傾向性と呼んでもかまわない）からはじめ、それにしたがってわれわれの主観的な知覚を解釈する。自らの経験の有意味な理解は、内側から外に向かってではなく、外側から内に向かって行われると言ってもよいだろう。

カントの説明は次のように進む。空間と時間がまさに感性の形式であるように、実体と原因の観念もまた、空間と時間において経験を組織化する規則に他ならない。時間的継起の観念は、一式の組織化原理を通じて、われわれの認知的構成に生得的に現れる。諸経験の継起という観点から考えるには、われわれの外にある出来事の継起に対してこれらの経験を関係づけなければならない。そして、われわれがこのようなことを行うことができるのは、感覚入力をこうした観点から解釈するためにわれわれに本来備わっている、一定の図式《スキーマ》がすでにあるからに他ならない。われわれの生得的な情報処理図式の一部には、次のことが含まれる。すなわち、因果関係により相互につながった耐続するものや出来事からなる世界と、自分たちはやり取りを行っているという前提にもとづき、われわれは自らの知覚を解釈するということである。（これを客観性の概念と呼ぼう。客観性とはすなわち、何かが可能な経験の諸対象からなる世界に属するとはどういうことかを意味する。）この図式にしたがってわれわれは、そうした世界と矛盾のないパターンを経験に対して負わせる。そして、このパターンには必ず、因果の諸規則にしたがって生じる一連の出来事が含まれる。このようにして、われわれは継起の観念を得る。筋のとおったストーリーとなるように、われわれ自身が感覚与件《センスデータ》に対して負わせるのは、客観性の概念それ自体に対応する一つのパターンなのである。

入ってくる知覚データを処理する際、われわれがやらなければならない真に根本的なことの一つは、静的な事態と動的な出来事やプロセスを区別することである。二つの可能な経験を考えてみよう。たとえば、家の周りを歩くという経験と、船がドックを出て行くのを見るという経験がある。前者には変化しない事態に関する諸経験の継起が含まれるのに対して、後者には進行中の変化のプロセスに関する諸経験の継起（すなわち、現実の継起についての経験）が含まれる。いずれの場合も、これらの経験は継起的に現れる（図2－2参照）。

厳密に言えば、経験の内容それ自体は、（静的な事態か動的な出来事かに関する）二つの解釈のうちの一方を支持する明白な証拠を与えない。時間を通じて経験される静的な事態と、進行中の出来事の違いをすでに理解しているのでない限り、そのような証拠は与えられない。だが、これら二つを区別する能力が問題なのである。われわれにこの種の区別が可能であるのはどうしてか。これら二つが異なるというまさにその考えは、いわば内側からやってくるとカントは論じる。一方の種類のケースでは、ある生得的な解釈の図式が用いられ、他方の種類のケースでは別の図式が用いられる。もちろん、これら二種類の経験の区別は明白であるように思われるが、それこそがポイントなのだ。これは、われわれがゼロから考え出さねばならないようなものではない。ある規則にしたがった継起という概念は、一定の方法で自らの経験を組織化するためのテンプレートとして機能する。そして、この観念は

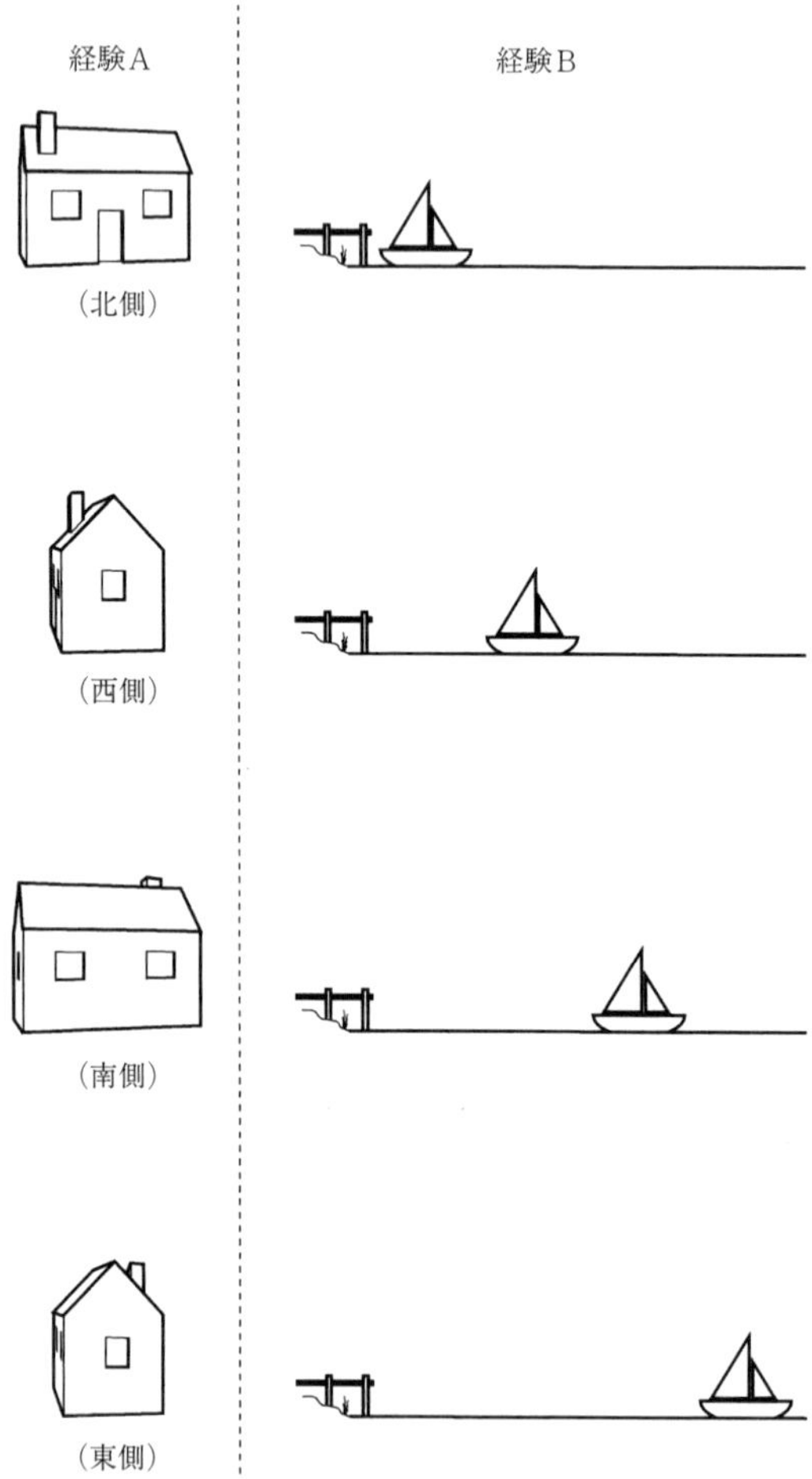

図2－2　これらの経験の集合はそれぞれ、諸々の知覚の継起により構成されている。だが、われわれはともかく、一方が変化しない対象の経験であるのに対して、他方は進行中の出来事の経験であることを理解する。

(ロックが主張したように)、経験から得られるようなものではない。なぜなら、この能力はそもそも、自分の経験を自らが有意味に理解するための必要条件だからである。カントの結論はこうだ。規則に支配された時間的継起という概念は生得的であり、われわれはそれを自らの経験に負わせるのである。

カントの理論は、これまでのところもっとも洗練された観念論的な説明である。時間それ自体がわれわれの経験の内容のなかに見出されない限り、時間的な諸概念の起源を説明する際、経験主義は問題を抱える。その問題を考えると、カントの説明には一定のもっともらしさがある。本質的に無時間的な実在という文脈のなかで、継起の経験を(組織化のための心の原理として)説明することにより、それは観念論の主張を補強する。カントはまた、整合的な経験にとって時間的な組織化がもつ根本的な重要性をよく理解している。何ら出発点(暗号解読のための鍵)がないところで、われわれはいかにして世界を有意味に理解しうるかという難問を通じて、カントの理論はいくらか信憑性を得ている。時間的な組織化は実際、まさにそうした出発点の理にかなった候補であるように思われる。彼の理論は、経験をめぐるロックの問題に対処するものだ。その問題への取り組み方は、われわれが自分たちを取り巻く世界のなかに時間を探し求めるとき、そのありかを突き止めるのがなぜこれほど難しいかを説明する助けにもなるだろう。言いかえれば、カントの理論は、われわれがこれまで間違ったところに時間のありかを探し求めていたことを明らかにすることで、時間が言葉にできないことを説明する。世界についての経験を自らがどのように組織化しているかが真の問題であるにもかかわらず、われわれは誤って「外側の世界に」時間を探し求めていたのである。

重要なことだが、カントの理論化は原理的には、単純すぎる経験主義のアプローチによって生じた問題を解決するとしても、証明にはなっていないことに注意するべきだ。この理論に対して提起しうる、多くの問題が残っている。たとえば、実在それ自体が制約を課すのでなければ、別の図式ではなく特定の図式にしたがって、主観的な一連の知覚を解釈するように人が制約されるのはどうしてかという問題がある。また、そうした制約がいかにしてなされるのかという問題も残る。さらには、宇宙それ自体はまったく時間的ではない（すなわち、われわれが存在しないならば、事物は実際には変化せず、時間は経過しない）というカントの結論はやはり受け入れがたい。アウグスティヌスが説明せず、ロックが説明できなかったことを説明するような、時間に関する実在論とも両立可能な代替理論は存在するだろうか。

実在論と両立可能な代替案

時間の観念を説明するにあたり、カント流の観念論に対する代替案は複数ある。だが、時間的な諸概念の起源の問題に関するカントの解決に対して、観念論的ではない正当な代替案が示唆されたのはごく最近である。繰り返しになるが、求められているのは、過去と未来、そして変化の観念を、まさにそれらの理解を予め前提とすることなく、われわれはいかにして経験から得るかを説明することだ。認知心理学者たちは一九世紀以来、時間的継起の観念が経験から派生することを可能にするような概念を検討し続けた。彼らの提案によれば、任意の瞬間でのわれわれの経験は、現在および直近の過去を直接的に含んでいる。だとすれば、論点先取が疑われる推論や記憶などに頼る必要なく、われわれは継起や変化を直接的に経験することになる。そして、われわれが変化を直接的に経験するのであれば、変化に関する実在論も可能である。

しかしながら、こうした路線に沿った実行可能な説明は、捉えどころのないものであることが分かってきた。たとえば、二〇世紀初頭の論理学者・哲学者のバートランド・ラッセルは、このアイデアの支持者だった。ロックのような初期の経験主義者が時間の経験を説明する際にどのような論点先取を犯したか、彼はそれをよく分かっていた。変化の概念がもとは経験に由来するとすれば、変化の経験それ自体が、何が過去に起こったかに関する判断に依存することは一切ありえない。仮に依存するとすれば、時間と変化についての既存の理解を前提とすることになり、時間と変化の観念は元々どのように獲得されたかという問題をめぐって論点先取を犯すことになる。そういうわけで、ロックの説明が正しいはずはない。さて、変化を経験することと、何かが変化したと単に判断することの間には違いがある。運動や他の変化の直接的な経験であるように見える経験もある。哲学者のショーン・ケリーは、これを「ペース知覚（pace perceived）」の現象と呼ぶ。秒針の動きを見ることは、それが異なる時点で異なる位置にあることを見ることと同じではなく、また、それが異なる時点で異なる位置にあったことを思い出すことでもない（図2-3参照）。問題は次のことだ。変化とは時間を通じて何かが起こることである。だとするならば、任意の瞬間における変化の経験を、一体どのように説明することが可能だろうか。このような経験は、それが実際に起きている何かについての現実的に真正

図 2－3　時計の秒針が複数の場所にあるのを見ることは、それが動いているのを見ることと同じではない。

な反映であるという意味において、正真正銘の経験なのだろうか。時間意識に関する経験主義的な理論を擁護してラッセルは、任意の瞬間において、短期ではあるが広がりのある一定期間を通じて受けとられる感覚与件が知覚された結果として、運動や変化の知覚を説明した。彼の見解では、感覚器官が刺激を受けるとそれは、「刺激のあとしばらく、ピアノ線のように振動し続ける」。感覚が薄れて消えゆく期間、われわれは文字どおり、つい先ほど起こったことを今知覚する。この効果のおかげでわれわれは、たとえば、秒針の動きを見るのである。秒針が動くのを見ることができるのは、それが一つの瞬間において複数の場所にあるのをわれわれが文字どおりに見るからだ、そうラッセルは主張する。

ラッセルの同時代人であるH・J・パトンは、ラッセルが説明したことは実際のところ、運動や変化の経験にはなっていないだろうと指摘した。彼は次のように述べる。

私がある瞬間において秒針の異なる複数の位置を感覚することができるとすれば、これらの異なる位置はすべて同じ瞬間にあるものとして感覚されることになるはずだ。つまり、私が感覚するとされるものは運動ではないだろう。それはむしろ、おそらくは一方の端に向かうにつれて徐々に明るさを増しながら、一定の領域を占める動かない扇風機のようなものになるだろう。そうでなければ、きっと奇跡に違いない。そこに存在しないような感覚与件を見ることはできない。それを見るのであれば、それを見るその時点において、それはそこに存在する。

パトンは優れた論点を提起している。過去に生じた何らかの情報を今得たからといって、一連の出来事の経験が得られるわけではない。すでに経験したことに関して、そのデータの一部を過去に割り当てるような推論を行うことができない限り、一連の出来事の経験は得られない。すでに見たように、そうした推論はどれも、現在と過去が異なることの理解を予め前提としている。それゆえ、そもそもこのような概念をわれわれはいかにして手にしたかに関して論点先取を犯してしまう。

広がりをもった経験の**現象学的現在**という概念は、ラッセルやその他の論者の失敗と相まって、哲学者バリー・デイントンに新たな着想を与えた。デイントンは二〇〇〇年に出版された『意識の流れ』のなかで、時間経験についての若干異なる理解を支持する議論を展開した。彼はアリストテレスやアウグスティヌス流の無限小の現在という概念を却下する。広がりをもつ大きさ（時間的な大きさもその一例）はどれも原理的には無限に分割可能だと主張することが、どれほど数学的あるいは形而上学的に正しいように思われようとも、無限小の現在という概念は、経験に関しては何ら重要性をもたない。ある情報の無限小の一断片は、知覚者にとって何の意味ももたないのである。そしてまた、ひと続きの経験において、無限個の情報を一つひとつ区別することもできない。デイントンはさらに、十分に近接して生じる一連の出来事は同時なものとして知覚されるという、経験心理学からの豊富な証拠も引用する。(2) 経験におけるさらに短い連なりは、たとえそれらが原理上は別個の出来事に分解可能だとしても、われわれが現実に知覚すること（つまり、われわれに「現在として現れる」こと）を記述するうえでは重要ではない。* 諸概念がいかにして経験にもとづいて形成されるかという問題の解明を試みる際、われわれは現実の経験がどのようなものであるかに焦点を絞ればよく、単に数学的に記述可能なものに目を向ける必要はないのである。

エトムント・フッサールとC・D・ブロードは、意識の内容に対応する、意識の広がりをもった現在という概念を世に広めた。デイントンの提案においてこの論点は、意識作用が内容の面において捕捉するものだけでなく、意識作用それ自体にまで拡張される。現実の経験の観点からすれば、無限小の出来事についての無限小の意識なるものはわれわれにとってはまったくの無意味である。ニコ・シュトロバッハが言うように、「0秒間シャッターを切って写真をとるなどということが不可能であるように、ある瞬間において何かを見るなどということは不可能である」。デイントンが提案するところでは、経験それ自体は、非常に短いが時間的な広がりをもつ意識作用のオーバーラップにより構成されており、それら意識作用の各々は、時間的な広がりをもつひと続きの知覚された出来事を捕捉する。経験をこのように考えることは一見、変化の直接的な経験を可能にするように思われる。意識作用それ自体が広がりをもつならば、意識内容の継起的順序も直接的に捉えられる。したがって、推論する必要はなく、時間的な諸概念を予め前提としてそれらを適用する必要もない。意識作用は共通部分を共有するという意味においてオーバーラップし、それゆえ、デイントン自身の図表に示されているように、経験の連続性が維持される（図2－4参照）＊＊。彼の見解では、根本的経験それ自体の構成部分として、感覚的知覚は固有のダイナミズムを示すことができる。たとえば、DからEへの変化は、単一の意識作用A_2により捕捉される。このような結果が最終的に擁護可能であるとすれば、変化の観念の起源を経験に見出すというロックの目論見の正当性が認められるかもしれない。

　これと関連して、デイントンの同朋である、イギリスの哲学者ロビン・レ・ペドウィンは、運動あるいは変化に特定の感覚を肯定する議論を展開している。彼の考えるところでは、直近の記憶と現在の知覚を接合すると、「『純粋な継起』の経験が生じる」。レ・ペドウィンは、情報が意識にのぼる特定の瞬間は存在しないというアイデアに訴える。むしろ、知覚されるものについての異なる解釈が、

＊　われわれがここで議論しているのは、変化を心に記録するということであって、変化の表現ではないことを思い起こしてほしい。一時間という時間の経過は、たとえば、単純に「一時間」という語句を使えば瞬時に表現することができる。だがここでの問題は、そもそも時間の経過の感覚がどのようにして得られるかということである。

＊＊　Barry Dainton, "Temporal Consciousness," *The Stanford Encyclopedia of Philosophy* (Fall 2010 edition), Edward N. Zalta (ed.), http://plato.stanford.edu/archives/fall2010/entries/consciousness-temporal/ から転載。バリー・デイントンおよび『スタンフォード哲学百科事典』の許可のもと使用。

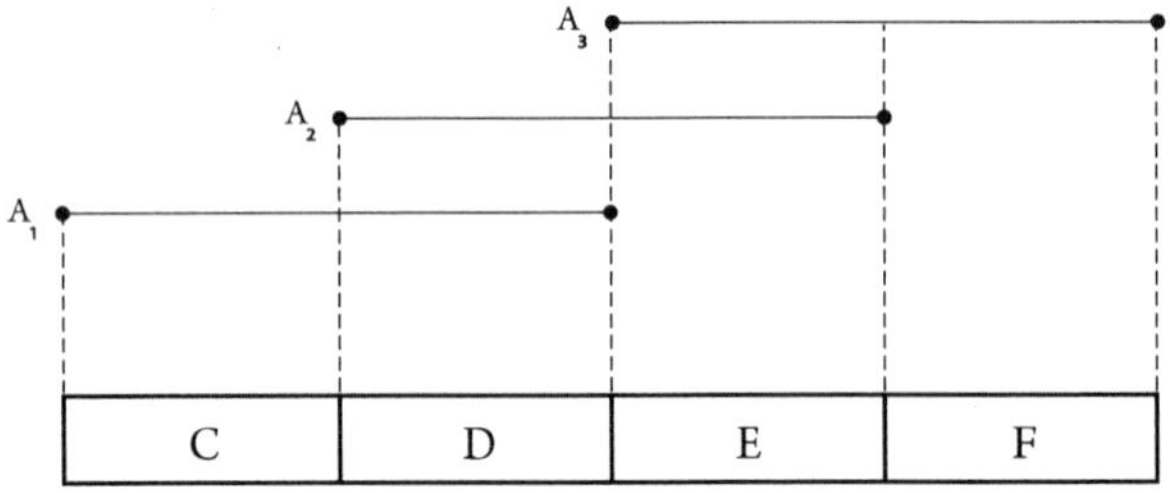

図2－4

あらゆる瞬間において、潜在意識とでも呼びうるレベルで短期間の主導権争いを行い、「勝者となった」解釈がついに姿を表す。勝者となるこの解釈は、諸々の条件反射や染みついた期待、そして解釈のプロセスにおいて後に受容される追加情報に影響される。言いかえれば、脳は短期間に蓄積された情報を受けとり、われわれが単純かつ直接的な変化の意識として経験するものへとそれを結合するのである。

　このような諸理論の一つの欠点は、少なくとも今のところ、証明は不可能ということにある。カントの理論や認知心理学における他の競合理論に対して自身の理論が確証を得るには、神経科学の進展を実際に待たねばならないことをデイントンは認めている。脳に関してまだ多くが理解されていないことを考えると、おそらくは長い時間待つ必要があるだろう。

　しかしながら、大枠に関する限り、これらの理論について重要なことは、それらが時間の実在論と少なくとも整合的であるということだ。この種の説明は、ロックのように論点先取を犯すことなく、また、カントのように観念論に言及することなく、時間的継起の観念の起源を解明するだろう。このこと自体は、時間や変化が実在することを証明するものではない。だが、このような思考の筋道がもっともらしいと思うならば、パルメニデスやアウグスティヌス、あるいはカントのような時間に関する観念論者が認める以上の何かが、時間や変化に関して存在する可能性を検討する余地が与えられる。

時間経験の構成

変化の知覚に関するこれらの理論は、われわれにとって基本となる時間的な諸概念が経験から派生し、それゆえ、時間と変化は実在するという想定が必ずしも無駄ではないことを示している。しかしながら、時間に関する観念論の却下を目論む場合でさえ、出来事の順序と持続の経験がわれわれの知覚装置の側で構成されるものにすぎないと言えそうな、経験的に実証可能ないくつかのケースに目を向けることは興味深い。時間順序に関するわれわれの解釈が、実際の出来事の順序そのままの反映ではなく、むしろわれわれの知覚処理メカニズムにより作りだされたある種の物語にすぎないように見えてしまう、そのような状況が少なくとも存在する。これらを考慮するならば、どんなに控えめに述べても、いずれは手にしたいと思う非観念論的な説明には何か手直しの必要があると言える。

知覚経験においてより前に起こる何かが、一瞬後に起こる何かに影響を受けるように見える、実験的に確かめられた多くの状況がある。言いかえれば、意識的に知覚されるものと、生の感覚入力の現実の時間順序の間には実証可能な違いがありうる。これらの現象により、われわれが考えていたよりもずっと複雑な、時間的処理に関する説明が求められることが明らかとなる。次にいくつか例を示す。

•ファイ現象（仮現運動）

互いに近接し交互に点滅する二つの点は概して、単一の点が行きつ戻りつしているような幻覚をもたらす。（あるいは、マーキーライトを考えてもよい。電光の動きが十分に速ければ、連続的な運動の幻覚がもたらされる。）こうした移動の幻覚は実のところ、非常に奇妙である。というのも、次の点滅が起こる前にはこの幻覚が生じる理由は存在しないにもかかわらず、その点滅が起こるよりも前に、われわれは点の移動を見ているように思われるからだ。さらには、一方の点が赤で他方が緑である場合、点が途中で色を変えたような印象を観察者はもつ。この（幻覚による）途中での色の変化はどのケースでも、次の点滅よりも前に起こるように見える。一見したところ、次の点滅が起こるのを知覚する前であったとしても、この点滅が何らかの仕方で一連の経験に影響を及ぼしているように思われる。（この現象を確かめる動画はオンライン上で容易に見つかる。たとえば、http://www.philosophy.uncc.edu/faculty/phi/Phi_Color2.html を参照。[3]）

•フラッシュラグ効果

動く円を塗りつぶす断続的に点滅する色は、当の円はそっくりそのまま見えるのに対して、単なる三日月状に見える。言いかえると、色の点滅はそれを含む円に対して遅れているように見える。一つの解釈によれば、人の知覚装置は動く対象の軌道を予期し、現実の位置より先にあるものとしてそれを心に記録する。しかし、色の点滅は止まった状態にあるので、同じようには扱われないのである。

（これは、たとえば、オンラインで見つかる次の動画が示すもう一つの効果である。http://www.michaelbach.de/ot/mot-flashLag/index.html を参照。）

・皮膚兎跳錯覚

被験者に目を閉じさせ、手首のある箇所に五回、次いで肘《ひじ》の近くに五回、そして腕のさらに上に五回、軽く機械的な刺激を与える。（この刺激が腕の上で位置を変えるとき、そのペースに中断が生じないよう、終始規則的に拍子を合わせる必要がある。）被験者は決まって、これら三つの箇所には刺激を感じず、多かれ少なかれ一定のペースで、一五回の刺激が腕全体を駆け上がってくるのを感じたと報告する。もちろん、さらなる刺激がなく手首だけに五回の刺激を与えたなら、被験者は手首の同じ点にちょうど五回の刺激があったと報告する。ファイ現象と同じく、後の刺激がより前の刺激の経験に影響を与えたように見える。

・サッカード間の知覚的連続性

あなたがコチコチと動く秒針のある腕時計をおもちなら、その時計が止まってしまったのではないかという、ふとした幻覚を何度か経験したことがあるかもしれない。時計に目をやると、秒針が止まったかのように見える。そして、やや長すぎる時間が経過したように思われた後、それはまた時を刻みはじめる。ほとんど気づかない、このありふれた現象にはとても興味深い説明がある。「サッカード（saccade）」とは、ある視覚目標から別の視覚目標へひょいと移る、そうした目の運動を意味

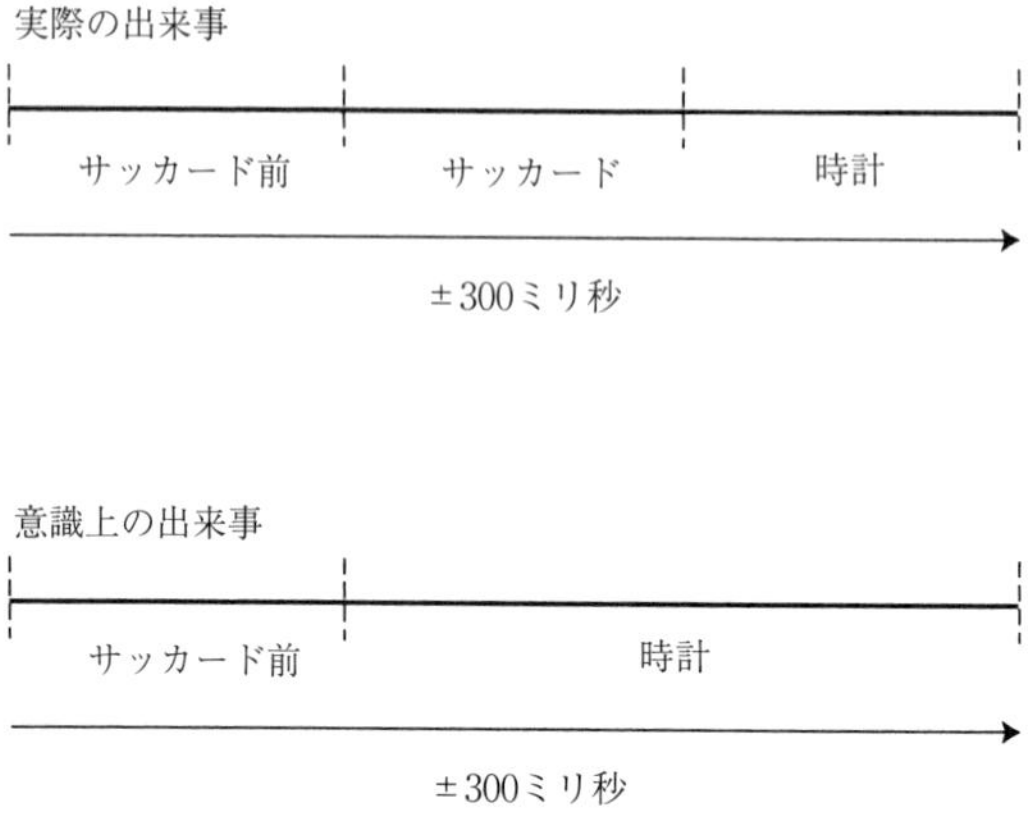

図２－５

する用語である。この運動にはおそらく一〇分の一秒程度かかるのだが、われわれはそれを毎日何千回と行う。サッカードの最中、仮に目を開けていたとしても、この運動の間に得られたはずの視覚情報に実はわれわれは気づかない。もし仮に気づくとしたら、かなりの混乱を生じさせることになる。世界はめまいがするようなスピードで、何度も場所を変えているように見えてしまうのだ。そうならないように脳が行うことは（二〇〇一年の『ネイチャー』誌でのヤーロウらの説明によると）、サッカードの目標の知覚を、「時間を遡り、そのサッカード開始の直前にまで」（強調追加）延長するということだ。何が起こるかといえば、自分が今見ている出来事の知覚上の持続が、自分の目をそこに向けるのに要した時間とおよそ同じだけ延長されるのである。介在する情報は決して意識にのぼらず、サッカード以前と以後の知覚的意識の時間的連続性はこのようにして維持される（図２－５参照）。通常、われわれはこの効果に気づかない。だが、コチコチと動く秒針のように外部の時間基準がある場合、秒針の知覚上の運動の人為的な延長によって、あたかもその秒針が一秒進むのにそれ以上の時間がかかったかのように見える。こうして、時計が止まってしまったというような、ふとした幻覚が生じるのである。

こうした事例において何が起こっているかを記述する際には、注意する必要がある。記憶に騙されているのだろうか。介在する経験のせいで、知覚された出来事の順序に対して、時間を遡って再解釈を与えるように仕向けられているのだろうか。予期によって、いくつかの刺激に誤った解釈が加えられているのだろうか。あるいはもしかすると、脳のなかで異なる解釈の経路が同時に、刺激のはじまりから終わりにいたるまで、複数の矛盾した解釈を生み出しており、そのうちの一つが多くの状況においてもっとも単純でもっとも有用な解釈を反映するゆえに、勝ち残ってくるのかもしれない。時間的処理がなぜこのような働きをするように進化したかについては、いくつかうまい理屈を考えることもできる。サッカード間の連続性について考えよう。このような処理がなされなければ、われわれの経験は混乱をきたし、使い道のない視覚情報で溢れてしまうだろう。また同様にして、われわれが動く対象を追跡する間、処理の遅れも考慮される必要があるということから、フラッシュラグ効果は説明されるかもしれない。

これらの驚くべき実験上の幻覚は、神経科学者やその他の人々からずっと注目を集めている。ところで、その哲学的な含意は何だろう。

どの説明にもとづく場合も、これらの幻覚はたしかに次のことを示している。すなわち、われわれが経験において知る時間順序は必ずしも実在の時間順序と相関しておらず、そこから体系的に逸脱することさえありうるということだ。自然選択の観点から見て、実在を正確に描写することが一般には有利になると期待されるかもしれないが、この規則にはあきらかに例外もある。注意すべきことに、現象学的現在の説明において、この種のリアルタイムな経験の書き換えがどのように行われると考えられるかは、原理的にもまったく解明されていない。ここから分かるのは、適切な時間意識の説明を与えるまでの道のりがどれほど遠いかということである。

これらの現象から得られる教訓は、カントのような観念論者が好んで主張するように、経験における時間順序はある種の構成物だということである。しかし同時に、これらの実験は、時間に関する観念論を何ら直接的に支持するものではないことも強調すべきだ。観念論者は客観的な時間という概念を根こそぎ却下するが、これらの事例の説明そのものが、経験された時間と客観的な時間の区別を必要とするのである。

この種の現象はそれゆえ、時間順序や持続それ自体が人工的な発明であることを証明するものではない。示されたのは次のことにすぎない。すなわち、順序と持続に関する特定の判断は、諸々の異なる認知・神経学的モジュールが関与する事後的なプロセスから導かれるのだが、実在を正確に表象するという仕事は主として、それらのモジュールのいくつかのみに課されるということだ。したがって、これらの実験は実在論的な時間論にとって込み入った複雑化をもたらすけれども、それらは時間というよりはむしろ、心の働きについて多くを明らかにしている。われわれはどのように出来事の「実在の」時間順序と接触するかという問題は、思ったほど簡単ではないかもしれない。とはいえ、時間に関する観念論を受け入れるべき理由もないのである。

だとすれば、時間に関する実在論はどうだろう。これまでに示されたのは、時間の実在論は、時間意識についてわれわれが知っていることと明白に矛盾するわけではないということである。時間が実際に存在する何かであるならば、それは本当のところ何だろう。このことに関して、積極的な理論をやはり議論しなければならない。そういうわけで、われわれは次章において、近代初期および二〇世紀の宇宙に関する物理理論に目を向け、「時間は実在するか」という問いを再検討する。

訳者注

（1）ロックによるテキストの日本語訳については、大槻春彦訳『人間知性論（二）』（岩波文庫、一九七四年、第一四章第三節、三九頁）を参照。

（2）経験に関して無限小の現在という考えを却下することが、ここでの議論の趣旨である。それが正しいとすれば、数学的には同時とは言えない、二つの瞬間がともに現在（同時）として知覚されることがある。ちなみに、デイントンはまた別の箇所において、一定の時間幅をもつ「見かけの現在（specious present）」の内部にある複数の出来事がともに経験されていながら、同時ではないものとして経験されることがあるとも論じている。（さもなければ、見かけの現在の内部にあるメロディはすべて、和音として知覚されてしまうだろう。）だがしかし、二つの異なる出来事の距離が十分に近い場合、それらは現象としては同時なものとして経験される。このことこそ、経験において無限小の現在が意味をなさない証拠とされる。

（3）　残念ながら現在は閉鎖のようだ。このファイ現象を含め、http://www.michaelbach.de/ot/ には多くの幻覚の事例が掲載されている。そのなかで本章の議論にとくに関係するのは、「Flash-lag Effect」と「Colour Phi」の項目である。

引用文献

Dainton, Barry. *Stream of Consciousness* (New York : Routledge, 2000).

———. "Temporal Consciousness," in *Stanford Encyclopedia of Philosophy*, ed. by Edward N. Zalta, http://plato.stanford.edu/entries/consciousness-temporal.

Kant, Immanuel. *Critique of Pure Reason* (1787).（I・カント『純粋理性批判』中山元訳、光文社、二〇一〇-二〇一二年）

Kelly, Sean. "The Puzzle of Temporal Experience," in *Cognition and the Brain*, ed. by Andy Brook and Kathleen Akins (Cambridge, UK: Cambridge University Press, 2005).

Le Poidevin, Robin. *The Images of Time* (Oxford, UK : Oxford University Press, 2007).

Locke, John. *An Essay Concerning Human Understanding* (1690).（J・ロック『人間知性論』大槻春彦訳、岩波文庫、一九七二-一九七七年）

Paton, H. J. "Self Identity," *Mind* 38 (1929), 312-329.

Russell, Bertrand. *An Outline of Philosophy* (New York : Routledge, 1996).（B・ラッセル『現代哲学』高村夏輝訳、ちくま学芸文庫、二〇一四年）

Strobach, Niko. “Zeno’s Paradoxes,” in *A Companion to the Philosophy of Time*, ed. by Adrian Bardon and Heather Dyke (Oxford, UK : Wiley-Blackwell, 2013).

Yarrow et al. “Illusory Perceptions of Space and Time Preserve Cross-Saccadic Perceptual Continuity,” *Nature* 414 (2001), 302-305.

本章の諸問題に関連する他の文献

Broad, C. D. *An Examination of McTaggart’s Philosophy, Vol. II* (Cambridge, UK : Cambridge University Press, 1938).

Dennett, Daniel. *Consciousness Explained* (Boston : Back Bay Books, 1992).（D・C・デネット『解明される意識』山口泰司訳、青土社、一九九七年）

Dicker, Georges. *Kant’s Theory of Knowledge : An Analytical Introduction* (Oxford, UK : Oxford University Press, 2004).

Grush, Rick. “Time and Experience,” in *The Philosophy of Time*, ed. by Thomas Müller (Frankfurt, DE : Klosterman, 2007).

Husserl, Edmund. *The Phenomenology of Internal Time-Consciousness* (1917).（E・フッサール『内的時間意識の現象学』谷徹訳、ちくま学芸文庫、二〇一六年）

Nolan, Christopher. *Memento* [movie] (1999).（映画『メメント』C・ノーラン監督、一九九九年）

Paul, L. A. “Temporal Experience,” in *The Future of the Philosophy of Time*, ed. by Adrian Bardon (New York : Routledge, 2011).

第3章　時間と時空

カトリック教会による支持のおかげで、西洋においてアリストテレスの物理学は中世にいたるまで、自然を理解するための確固として揺るぎないアプローチとしてその権威を保持した。しかし、一七世紀の「科学革命」の到来とともに、この状況は変化しはじめる。それは、一〇〇〇年にわたる宗教上の権威による知識追求に対する抑制あるいは方向修正の後に起こった、実験的で数学的な科学の再生だった。この運動に名を連ねる、多数の偉大な（そして多くの場合、勇気のある）科学者が存在した。たとえば、ジョルダーノ・ブルーノ、ガリレオ・ガリレイ、フランシス・ベーコン、ロバート・ボイルらである。しかし、なかでもアイザック・ニュートンは、多くの点でもっとも成功した科学者である。他の科学者も、アリストテレスやカトリックのドグマ（もっとも有名なところでは、地球を中心とした宇宙モデル）が誤りであることを証明したが、ニュートンは物理法則の包括的な体系を生み出し、それは古い時代からずっと受け入れられてきた見解を追払ってその座を完全に奪った。ニュートンの体系はアインシュタインが登場するまで存続したが、ニュートン主義のアインシュタインによる見直しは、時間についてのわれわれの理解をまったく新たなレベルへ導いたのである。

アリストテレスを塗りかえる

ニュートンのもっとも偉大な功績を一言でいえば、数学的に記述可能な運動法則がありうるという、（それ以前にはガリレオが着想した）アイデアを実行に移したことにある。これらの法則は数量化可能で不変かつ普遍的であり、力学と重力に関わる相互作用のみを含むようなものだった。これは、伝統的なアリストテレス流の物理学からの大きな分岐点である。ちなみに、アリストテレスの物理学においては、普遍的な法則は要求されず、諸現象は力学的な相互作用と一定の諸規則にしたがう力の作用によって説明されるというよりはむしろ、主としてものの内在的性質を参照することにより説明された。後に見るように、時間とは何かに関するニュートンの見解は、分岐点となったこの新たなプロジェクトと密接に結びついている。

『自然哲学の数学的諸原理（*Philosophiæ Naturalis Principia Mathematica*）』*（一般には『プリンシピア』として知られる）においてニュートンは、これら普遍的な力学の法則が可能であることと、時間と空間がそれら自体でまさに存在者として実在することの間につながりがあることを見抜いた。もっとも重要であるのは、彼が提示する諸規則が普遍的な身分を獲得するには、それらが単に「相対的な」運動に関わるのではなく、「絶対的」あるいは「真の」運動と呼ばれるものに関わるのでなければならないというニュートンの確信である。**相対運動**の概念は理解しやすい。船の上を毎秒一フィート前に向かって歩く船乗りは、その船に対して毎秒一フィート進んでいる。そして、船が海に対して毎秒一〇フィート進んでいるならば、船乗りは海に対しては毎秒一一フィート進んでいることになる。相対運動とは単に、何か他の物体や、そうした諸物体によって定義される「場所」（たとえば、船の後甲板や「ハチ公前」）に対しての運動にすぎない。[1] 何か他のものと相対的に運動することは、必ずしも真に運動することを意味しない。たとえば、じっと座っている誰かの横を電車が通り過ぎる場合、その人は電車と相対的に運動している。

相対運動と対照をなすのが**絶対運動**である。絶対運動という科学的尺度については、そうした運動が測定される数値の観点からのみニュートンはこれを説明する。その数値とは、**絶対空間**と**絶対時間**である。絶対運動とはすなわち絶対空間上の運動であって、運動の割合は絶対時間の観点から与えられる。彼がこれらの概念を導入するのは、（高校で物理学を履修した人にはおなじみの）有名な三つの運動法則について述べる直前である。「相対空間」は、任意の点において物体が占める空間、あるいは、他の諸物体との位置関係で定義される場所を指す。そして、相対運動とは、何らかの場所や他の物体との相対的な運動である。それとは対照的に、ある物体の絶対運動は、「不動の空間」に対する運動である。この空間は（おそらく）根本をなす三次元の場であり、そこにおいてすべての物体は、他のどの物体の位置とも独立に何らかの絶対的位置をもつ。「相対時間」（ニュートンはこれを、「見かけの」時間あるいは「一般的な」時間とも呼ぶ）は、たとえば、時計の長針の運動のような、何か他の運動を参照することで与えられる諸々の持続やプロセスの尺度を指す。彼はこれを絶対時間と区別し、絶対時

＊　英語タイトルは *Mathematical Principles of Natural Philosophy*。

間は「それ自体で、自らの本性にしたがって、外部のものとは一切関係なく一様に流れる」と言う。さらに続けて彼は、天文学のような科学において、一般的な時間を修正するものとして絶対時間は必要だと主張する。たとえば、一日の長さは変化するので、数学的に厳密な天文学の公式や予測に使用することはできないのである。

空間と時間に関して実在論をとることは何を意味するか。ニュートンは、空間と時間を岩や木のような物質的実体とは考えなかった。空間と時間はむしろ独特の存在者、すなわち、種類としてまったく独自の存在者だと考えたのである。ニュートンにとって空間と時間は本質的には、一方は物体の、他方は出来事の普遍的な容器として機能する。そのようなものであるから、空間と時間それら自体は物体や出来事ではなく、また物体や出来事によって構成されるものでもない。そうではなく、空間と時間は実在し、そこに何が含まれるかという可能性のための前提条件なのだ。

これが意味するのは、出来事が時間において存在する可能性はもちろん時間の存在に依存するが、容赦なき「流れ」とともにある時間それ自体は出来事には依存しないということである。そして、このことが有意味に理解可能であるのは、運動や他の変化がまったくない宇宙でも、時間はやはり経過するということが有意味に理解可能であると認められる場合に限る。したがって、絶対時間というまさにその概念は、時間についてのアリストテレス流の理解を拒否するものだ。アリストテレス流の理解では、時間は単に変化の尺度にすぎないのだから、変化なしに経過する時間という概念は支離滅裂である。それゆえ、ニュートンの時間概念は、アリストテレスの関係主義からの根本的な脱却なのである。

アリストテレスのアプローチをニュートンが拒否したことは、運動や運動に関わる力を記述する際の計量としての時間の有用性とも関係する。絶対空間と絶対時間、そして絶対運動という概念を受け入れるニュートンの根拠は、普遍的な運動法則はこれらの観点からのみ記述可能だと彼が考えたことにある。相対運動は他の物体の偶然的な運動によって決まるので、単なる相対運動に言及する運動法則は普遍的に適用可能ではないだろう。また、諸々の力に言及することで運動の変化（すなわち、加速度）を説明することは、ニュートンの体系の肝である。このためにもやはり絶対運動が求められる。なぜなら、相対運動をするために特定の物体に力が加えられる必要はないからだ。こうして、不動の実在的な空間が前提とされることになる。さらには、たとえば、地球の自転を含め、どんな運動も不規則となりうる*のだから、普遍的な運動法則において言及される時間は、いかなる特定の物体の運動にも依存してはならない。したがって、ニュートンのプロジェクトが全体として仮に実行可能であるとすれば、ある計量の存在を前提とする必要がある。すなわち、いかなる物体の運動とも独立した絶対時間である。独立した現実の存在者という意味での「真の」時間により、運動を測定するためのこの普遍的な計量の客観的基礎が与えられる。

＊　不規則であっても測定される運動と同期された装置で測る限り、どんな運動も規則的に見えてしまうことに注意しよう。たとえば、地球の自転に要する時間を測定する際に、毎日一秒遅れる時計しかもっていないとすれば、地球が自転するのに毎日一秒長い時間がかかるとは言えなくなってしまう。

アリストテレスの関係主義的な見解では、時間は単に変化の抽象的な尺度である。ニュートンの理論では、それとは対照的に、時間はそれだけで実在的なものとして扱われる。この理論によってニュートンは、時間を変化に依存するものとして捉えるアリストテレス主義的な見方と根本的に袂を分かつ。時間それ自体も流れるものではあるが、変化は今や時間のなかで起こる何かとして記述されるべきものとなる。カントのような観念論者にとって、時間については副詞的に語るのがもっとも正確な語り方だろう。それはつまり、われわれがどのように事物を経験するかを記述する方法である。ニュートンは時間をそれ自体一つのものとして扱う。それはたしかに、木や牛、液体の入った物体のような物質的実体ではない。だが、時間はやはり名詞として扱われる身分をもった何かである。したがって、時間に関する彼の理解は、関係主義や観念論の考えとは根本的に異なる。これは時間に関する実在論の逆襲なのだ。

　われわれはこれまで、絶対時間の概念は（少なくともニュートンの頭のなかでは）、普遍的な力学法則が可能であることの基礎となる前提であると記述するにとどめた。だが、真の絶対時間が本当に存在するという主張を支える、どのような論拠や証拠をニュートンは提示したのだろうか。

　ニュートンのもっとも基本的な考えは、絶対運動の存在を支持する証拠があれば、絶対時間は存在するに違いないというものだ。そして、彼は回転するバケツの水の振る舞いに目を向けた。速く回転する水の表面は、バケツの両側に押しやられるようにへこみを生じさせる。彼はこのことに着目したのである（図３－１参照）。

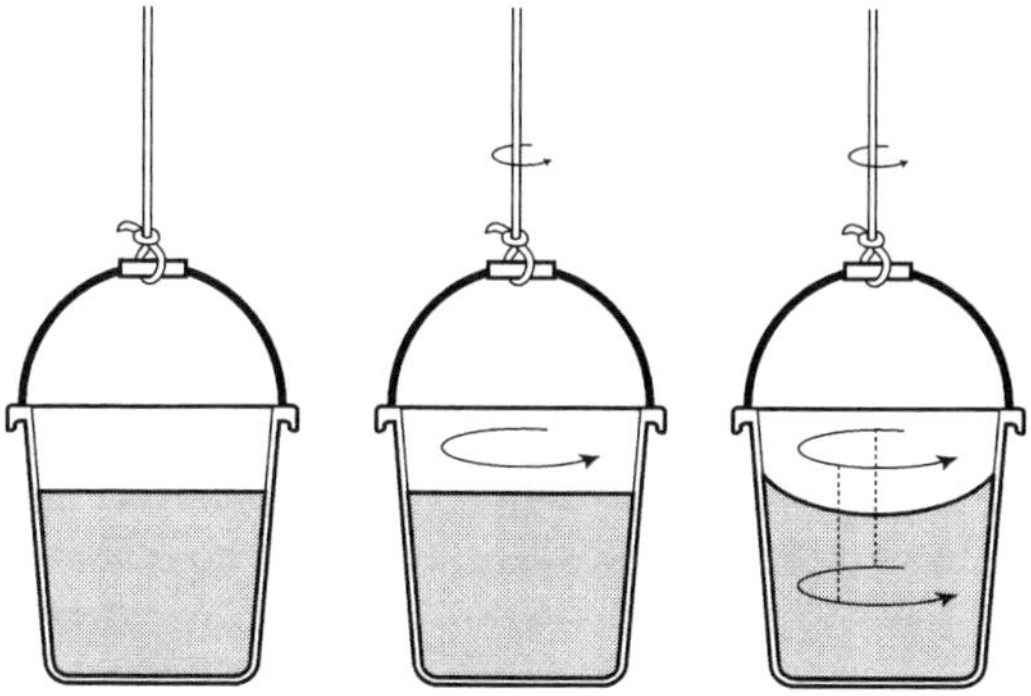

回転なし。
水面は平ら。

バケツは回転しはじめるが、水はまだ回転していない。
水面は平ら。

バケツと水がともに回転。
水面にくぼみ。

図3－1

水がバケツそれ自体とまったく同じ速さで回転しているとき、そこにはこうしたへこみが見られることをニュートンは指摘した。したがって、水のへこみは、バケツの運動に対する水の相対運動によっては説明することができない。さらにまた、彼は次の例にも言及する。おもりをひもにくくりつけ、自分を中心にして円を描くように振り回すと、外向きの力を感じるように思われる。これは「遠心力」として知られる。おもりが本当に運動している（すなわち、絶対的な意味で運動している）のでなければ、この力は一体どこから生じたのか。

このような現象から直接的にニュートンが導くことができる結論は、すぐそばを取り巻く物質的な諸対象に対して回転する物体の相対運動を見るだけでは、回転運動は説明できないということだけである。しかしながら、これらの回転効果に関する一つの解釈として、水は本当に絶対運動の状態にあるということも成り立つ。すなわち、絶対的な不動の空間それ自体に対する運動として定義される、絶対運動の状態にあると考えることができる。ニュートンが支持したのはあきらかにこの結論である。そして、ニュートンが言う意味での絶対運動が本当に存在するならば、そのような運動はどれもある一定の時間量を要するに違いない。さらには、この時間の尺度は絶対運動と相関し、真の運動である限りどんなものも記述するのだから、月の軌道上の運動や時計の針の動きのような、われわれが観察する特定の規則的（と思しき）運動に由来する、どの時間の尺度ともそれは区別されねばならない。

事実、時間の経過には絶対的で根本的な規則性があることを示す具体的な証拠は、ある種の運動が同期していることに見出されるとニュートンは考えた。太陽で測る一日が不規則であることはすでに述べたとおりだが、これは何と比較しての不規則性だろうか。たとえば、木星の衛星軌道などの様々な天体運動と比較すればそれは不規則であり、振り子時計などと比較してもやはりそれは不規則だ。しかし、太陽の一日が規則的であるのに対して、これら他のプロセスの方が不規則であると考えないのはなぜか。その理由は単純に、これらのプロセスは互いにかなりぴったりと同期するからである。他にはとくにつながりのないある種の運動の間に、こうした同期性が見られることの最善の説明は、それらが普遍的な時間の絶対的で規則的な流れを、何らかの形で追跡しているということだとニュートンは考えた。

絶対的な時間と空間が存在するならば、実在的な（相対的ではない）運動を整合的な諸規則により、数学的に厳密に説明することができる。さらには、実在的な絶対空間と絶対時間により、現実に自然を記述する自然法則も可能になる。それに対して、アリストテレスの時間は、われわれが自然現象を理解したり測定したりする際に依拠する、単なる抽象概念にすぎない。大部分はニュートンの業績のおかげで、二〇〇〇年近く西洋科学を支配したアリストテレスの物理科学は、正確で説明力もあり安定的な予測をもたらす、自然に関する規則の体系によって塗りかえられた。だからこそ、近代科学の歴史において、ニュートンはもっとも重要な人物なのである。そして、ニュートンのプロジェクト全体は時間に関する彼の考えと一蓮托生であることが今や理解された。

ニュートンとライプニッツ

ニュートンと同時代の一人に、ゴットフリート・ヴィルヘルム・ライプニッツがいる。論理学や神学、すべてにわたって博学の非凡なるドイツ人だ。彼は物理学についてかなり異なる独自のアイデアをもち、ニュートンが到達した諸々の結論に対して遠方より批判を行った。これら高名な二人の人物は一七一五年まで、微積分学の発展に寄与した功績を認められるべきなのは誰かをめぐって、長期にわたる醜い国際的な全面対立に関わった。（同じような問題の解決をめぐって、ライプニッツが最初に独自の解法を発表したが、それとは独立にニュートンは数年前、すでに若干異なる解法を展開していたのである。）ニュートンとその仲介者たちは、剽窃のかどでライプニッツを非難した。さらに、ライプニッツはニュートンの物理理論に対して歯に衣着せぬ批判を行ったため、彼は多くのニュートン支持者から非難を受けることになった。

幸いにして、王妃キャロラインは当時のウェールズ王女であり、彼女自身、哲学の学生だったが、ライプニッツとも多くのニュートン主義者とも親交があった。彼女の仲介により、ニュートンの同朋であり彼の代弁者と目されたサミュエル・クラークとライプニッツの間で、公のやり取りが設定されることとなった。一七一七年に出版されたこの往復書簡の主題は、ライプニッツの神学的・哲学的批判に対して、時間と空間についてのニュートンの学説をクラークが擁護するというものだった。自らの手紙のなかでライプニッツは、時間に関するアリストテレス的な考えを擁護した。ただし、アリストテレスとは異なり、時間に関する実在論を却下する彼の動機は主に神学的な性質のものだった。

時間の実在論に対するライプニッツの主たる反論は、次のように要約できるだろう。

- 時間はそれ自体では存在しえない。なぜなら、時間が実在するとしたら、それはどの時点においても単に瞬間のようなものとして存在することになるが、（アリストテレスがゼノンに応えて説明したように）瞬間からは何も構成されないからだ。時間が瞬間から構成されないとすれば、それは何から作られるというのか。（クラークがある箇所で示唆するように）物質やエネルギー、あるいは「非物質的精神」のようなものから構成されることはありえない。だが、他に何があるというのだろう。
- ニュートンは時間と空間を神の「流出」として語るが、これはひどく曖昧だ。ライプニッツは次のように論じる。時間はそれ自体がものであり、神が時間「のなかに」存在するのだとしたら、神の存在は時間の存在に依存することになってしまう。神は完全なのだから、十分に自足的な存在でなければならない。

• 時間が独立した存在であるとしたら、神がなぜ別の時点ではなく、特定の時点に宇宙を創造したかに関して疑問が生じる。神は完全であり、ゆえに、理由なく（気まぐれに）行動することはありえない。しかし（アウグスティヌスも述べたように）、神によって時間が存在するとしても、空虚な時間の別の瞬間ではなく、特定の瞬間に事物が動きはじめるように神が選択を行う理由などない。よって、時間に関するこのような考えは誤りであるに違いない。

これに加えて、ライプニッツは絶対空間という考えについても、いくつか同様の論点を指摘する。絶対空間は、点から構成されねばならないことになるのではないか。神が空間のなかに存在しなければならないとしたら、神の存在は空間の存在に依存することになるのではないか。絶対空間が存在したならば、全体としての宇宙の内容物すべての方向と位置に関して、神は気まぐれな選択を行う必要があったことになるだろう。だが、東と西のどちらを選択するというのか。また、すべてのものを今ある場所よりも右に三フィート移動したところで、一体どうなるというのか。

ライプニッツの代案は、時間を出来事の間に成り立つ諸関係の集まり、空間を対象の間に成り立つ諸関係の集まりとして考えるというものだ。時間がそれ自体で存在することを否定する点では、ライプニッツは実在論者ではない。だが、彼は観念論者でもない。アリストテレスと同じく、宇宙に関する科学的かつ数学的な説明にとって、時間関係は適正なカテゴリーだと彼は考えた。したがって、ライプニッツはアリストテレスと同じく関係主義に分類される。両者の大きな相違は、アウグスティヌスの場合と同様、時間とは何かに関するライプニッツの信念が主として、時間の実在論と宗教上の教義の間にあると見られた衝突に基礎をもつという点である。

ライプニッツの反論に対して、クラークは次のことを指摘する。日常用語でも科学用語でも、時間は「量」(すなわち、測定可能で、多さや少なさを問題としうる何か)として扱われる。クラークはさらに次のように言う。ライプニッツはまた、絶対運動を支持する経験的証拠(たとえば、回転効果)を無視しているが、絶対運動は絶対時間の存在を含意するのだ、と。

ライプニッツは絶対運動という考えを忌み嫌った。すべての物体からなる宇宙が、同じ方向に同じ割合で(絶対)運動すると想像してみよう。たとえば、宇宙にあるすべてが、毎時五メートル左へ漂流していると想像してみよう。ライプニッツが主張するのは、このようなシナリオと、すべてのものが絶対静止の状態にあるというシナリオの間に、実際の違いは何もないはずだということである。絶対運動の概念にもとづくと、これらのシナリオの違いが有意味に見えてしまうという事実は、その概念が支離滅裂であることを示しているとライプニッツは言う。理由は二つある。第一に、これら二つの状況の違いは観察上、何の帰結ももたらさない。第二に、一方の状況に対して他方を選択する理由が神にはまったくなく、それゆえ、どちらかを選択しなければならないとすれば、神が理由なく行動せざるをえないことは必至だろう。

しかしながら、クラークが繰り返し指摘するように、ニュートンの回転バケツにおける水の遠心効果について、ライプニッツは何も説得的な説明を与えていない。ライプニッツが言えるのはせいぜい、回転運動とはそのようなものであり、この種の運動では他の運動には見られない力が現れるということぐらいだろう。ニュートンの法則は、万有引力に関する彼の仮定と合わせて、観察可能な諸現象の説明と予測において非常に素晴らしい働きをする。ライプニッツにも運動に関する独自の理論があった。それを詳細に検討することはできないが、その説明力と予測力はずっと劣るものだったことを指摘すればここでは十分である。

計量としての時間の有用性ゆえに、ニュートンはその存在を信じた。だが、彼は時間を何と考えたか。絶対主義的な彼の語り方においてさえ、時間とは何かという観点からではなく、時間は何をするか（「流れる」ものであり、過ぎ行くものであり、経過するものである）という観点から、それは定義される。時間とは何かを議論するとき、このようなことは非常によく起こる。空間に関する問いが概して、「空間は実在するか」というような形をとるのに対して、時間に関する問いはしばしば、（「時間は実在するか」という形ではなく）「時間は本当に過ぎるか」というような形をとるのも、少なからずこうした理由による。だが、「時間は過ぎるか」という問いは、もっとも重要な問題を予め前提としている。時間を過ぎ行くものとして整合的に考えようとしても、少なくとも何らかの意味において、それをものとして考える必要があるように思われるのだ。「空間は実在するか」という問いを扱うことももちろん困難であるが、時間はそれよりもずっと難しい。ある意味では、空間を媒体として漠然と想像することはそれほど難しくない。実体のないスープのうえを、われわれはクルトンのように漂っていると想像してもよいだろう。世界に実在する何かとして時間を（漠然とではあれ）表現可能にするには、この空間のイメージと類比的に、時間をどのように想像すればよいのだろうか。ものとしての時間という考えを捉える術がないとすれば、ニュートンの物理学は絶対時間の存在とこれほど密接に結びついているというのに、一方では運動と重力に関する包括的な理論の構築に成功を収めながら、他方では時間の本性に関する理論を与えられていないというこの状況に、一体どのように折り合いをつけることができるだろうか。

ニュートン以後の物理学では、彼の絶対空間と絶対時間は相対論的な**時空**の概念に取って代わられたが、このことは問題解決の糸口になるかもしれない。現代の時空概念と、それがどうして時間なるものが本当に存在するかどうかを決定する糸口となりうるかを理解するには、ニュートン物理学がいかにしてアインシュタインの相対性理論にその座を奪われたかを見ておく必要がある。

相対論

ニュートンの理論は、実験物理学者たちによって疑問が呈せられた一九世紀後半にいたるまで、運動と重力に関するほぼ普遍的に受け入れられた説明だった。アルベルト・アインシュタインの革命的な理論へと続く重要な発見は光と関係している。光に関する二つの事実と、その振る舞いについての驚くべき実験結果を組み合わせたところに、アインシュタインの突破口はあった。第一に、ニュートンも承知していたように、光の速さは有限である。一六七六年、デンマークの天文学者オーレ・クリステンセン・レーマーにより、この事実が認められ公表された。第二に、一九世紀後半には、光が電磁放射の一種であり、波のように伝播することが広く受け入れられるようになった。そこからアインシュタインの理論への扉を開く実験上の発見は、光の速さはその光源の速度にかかわらず一定という事実である。

光が有限の速さで波のように動くとすれば、それが進むための媒体が何か存在しなければならないと推論した者もいた。たとえば、海に生じる波は水の乱れであり、光が波のようなものだとすれば、光も何かの乱れでなければならない。アメリカの物理学者アルバート・マイケルソンとエドワード・モーリーにより一八八七年に検討された提案は、光（あるいは任意の電磁放射）が、**エーテル**と呼ばれる不可視の固定的な基礎的媒体のなかを伝播するというものだった。（エーテルとは単に、ニュートンの絶対空間だと示唆する者もいた。）だとすれば、光が運動する方向に測定された場合、それはゆっくりと進み、光源に向かって観察者が運動する場合、そこから放たれた光はより速く通り過ぎていくように見えるはずだと期待されるだろう。それはちょうど、池のさざ波にそって観察者が運動する場合、それはゆっくりと進むが、観察者が波の起点に向かって運動する場合、（逆の方向に）より速く通り過ぎるように見えるというのとおよそ同じである。ところが、マイケルソンとモーリーは、光の速さが一定であることを発見し驚いた。真空中、光は光源の速度にかかわらず、また、光源に対する観察者の速度にかかわらず、同じ速さで進むのである。たとえば、あなたが毎時一〇マイルで走り、それと同じ方向に毎時一〇マイルの速さでボールを投げ出したとすれば、そのボールは毎時二〇マイルで進むことになる。しかし、光源がどのような状態にあるかにかかわらず、そこから放たれた光は一定の速さで進む。急速に動く乗り物からそれが進む方向に投げ出された対象とは異なり、そのような乗り物から発射された光線は、あたかも静止した光源から発射されたかのように、同じ速さで進むのである。

この結果により、光の伝播はエーテルと関係しているという考えの根拠が失われはじめた。物理学者たちは当初この発見に抵抗したが、その重要性はどれほど誇張してもしすぎるということはない。ニュートンはかつて、どの観察者の観点から見ても、力学上の自然法則は同じように作用し、それゆえ、対象の振る舞いに関する限り、（単に相対的ではなく）絶対的な等速度を決定する手段は存在しないことを認めた。マイケルソンとモーリーの実験結果は、光の速さの違いもまた絶対速度を定めるのに使用することはできず、したがって、基本となる固定的なエーテル（あるいは、ニュートンの絶対空間）という概念は、運動を記述し予測する際に無効であることを示したのである。

ここでアインシュタインが登場する。彼は当時まだスイスで特許事務員として働きながら、空間と時間の本性に関する新たな理論の基本原理の解明に取り組んだ。それは運動に関する理論から出発する。他の科学者が何か抜け穴を見出そうと試みていたとき、アインシュタインはマイケルソン－モーリーの実験が示唆することを深刻に受け止めた。すなわち、真空中の光の速さは、その光源の速度にかかわらず一定という事実である。絶対速度の概念はまったくの見当違いであり、いっぺんに捨て去るべきだとアインシュタインは提案した。*エーテルが存在せず、絶対空間の代わりとなる他のものも存在しないなら、絶対運動は検出不可能なだけでなく無意味である。アインシュタインの提案はこうだ。すなわち、すべての自然法則（すべての力学法則と、光のような電磁現象を支配する新たに発見された諸規則、そしてその他の自然法則を含む）はどの観察者にとっても同じであり、このことは、その観察者が他の何かに対してどのような等速度をもつかにかかわらない。この単純な提案は何度も立証され、それ以来、時間と実在に関するわれわれの理解にとって重大な帰結をもたらすこととなった。

これらの帰結を精査してみると、次のことがあきらかになる。絶対運動という考えを消去したうえで、真空中の光の速さは一定であるという驚くべき事実を考えてみれば、ニュートン流の絶対時間の概念はほぼ決定的に排除されるのである。この結論は、アインシュタインによる制限付きの**特殊相対性理論**においてすでにあきらかだ。この理論は要するに、質量と重力を考慮しない（**一般相対性理論**ではこれらを考慮する）、時間と空間に関する単純化された説明である。おなじみの例で解説しよう。互いに相対運動する二人の観察者を想像してほしい。一人（アルベルトとする）は電車に乗って、西から東へ向かっている。そして、もう一人（アイザック）はプラットホームに座っている。さて、次に述

＊　ここで言及されているのは等速度についてであって、加速度についてではない。したがって、ニュートンのバケツの例に見たような、回転運動（これは加速運動である）に直接には適用されない。だがニュートンは、バケツの水が宇宙の他の部分と相対的に回転していることを見落とした。そして、この相対運動により、バケツの水をはじめとする遠心効果は説明可能だと議論されることもあった。だとすれば、回転運動の効果も、ニュートンの考えに反して、絶対運動の存在を証明するものではない。

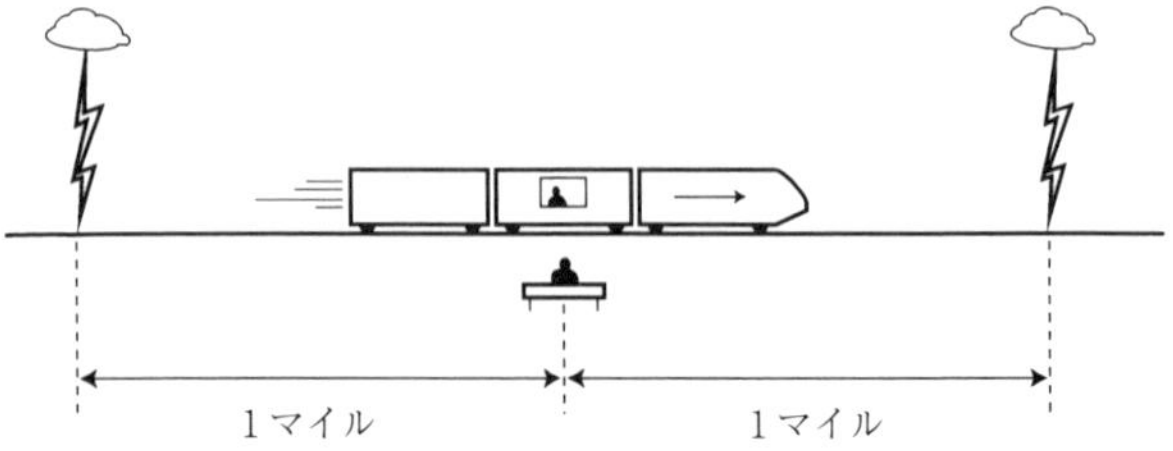

上記の距離は、アイザックの観点から測定したものだ。後に見るように、時間と同じく距離もまた、座標系に相対的である。

図3－2

べることは、アイザックから見た経験のみを記述している。電車が通過するちょうどそのとき、二つの稲妻が落ちる。一方は西に一マイル、他方は東に一マイルの地点に落ちたとしよう（図3－2参照）。その直後、アイザックは両方の閃光を同時に目撃する。各落雷までの距離が分かれば、二つの落雷は同時に起こったというアイザックの結論は十分理に適う。だが、彼は正しいだろうか。アルベルトはアイザックと意見を異にする。二つの閃光は、アルベルトには同時に届かない。アルベルトの混乱は容易に説明がつく、アイザックはそう思う。その混乱の原因は、西からの光がアルベルトに追いつかなくてはならないのに対して、アルベルトは東からの光に近づいていることにある（図3－3参照）。

　アイザックが本当に静止しており、アルベルトが本当に運動していると言えるならば、これは申し分のない回答だろう。しかし、アインシュタインの提案にしたがうと、そのようなことは言えない。エーテルなど存在せず、絶対速度を決定する手段もないことを思い起こそう。そのようなものは存在しないというのが、アインシュタインの仮説である。アルベルトからすれば同じように、自分は静止

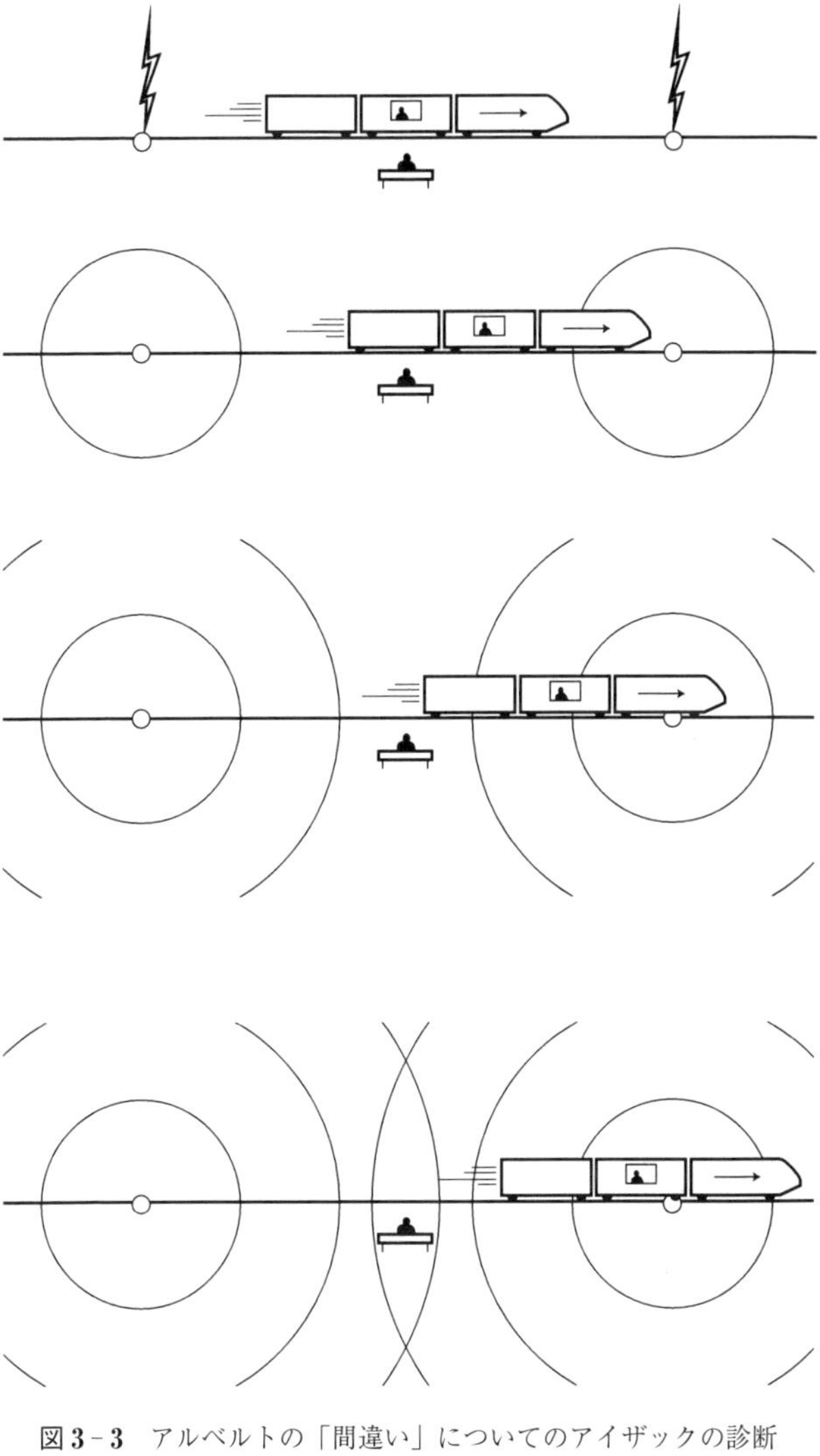

図３-３　アルベルトの「間違い」についてのアイザックの診断

しているが、電車の下を飛ぶように通り過ぎる地上とともに、アイザックの方が運動しているとも言えるのだ。二つの落雷は同時だったと主張するアイザックに対して、等距離の落雷が異なる時点において自分のいる位置に到達したのだから、それらは同時ではなかったと主張するアルベルトも同等に正当化される。絶対運動が存在しない限り、どちらが間違いということもない。単に二人の座標系が異なるというだけだ。両者はそれぞれ自分の座標系の観点からこの状況を記述するのであり、この問題に白黒をつけられるような、独立した権威的な観点など存在しない。このことが意味するのは、二つの閃光が同時か否かに関して、絶対的で客観的な事実問題は存在しないということである。同時性は相対的なのだ。

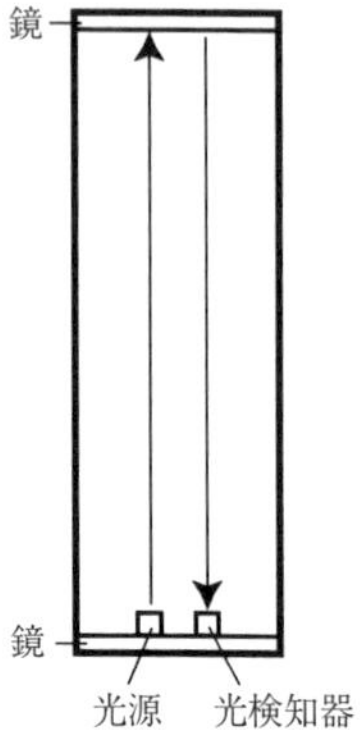

図3-4

同時性が相対的なら、絶対時間は存在しない。自分の座標系を超越した権威に訴えて、ある出来事がいつ起こったか、あるいは、今何時であるかを誰も言うことはできない。「今」何時であるかは自分の慣性系に依存するのである。よく知られたもう一つの思考実験は、この事実を明らかにする。垂直管の内部で上下に反射する光のパルスを用いて時間を測定する、単純な時計を想像してみよう（図3-4参照）。さて、このような時計をアルベルトが乗った電車に設置し、その電車が通過する際、アルベルトとアイザックのそれぞれに時計がどう見えるかを比較してみよう（図3-5参照）。

アルベルトから見た光のパルスの経路に対して、アイザックから見た経路がどうなるかに注意して

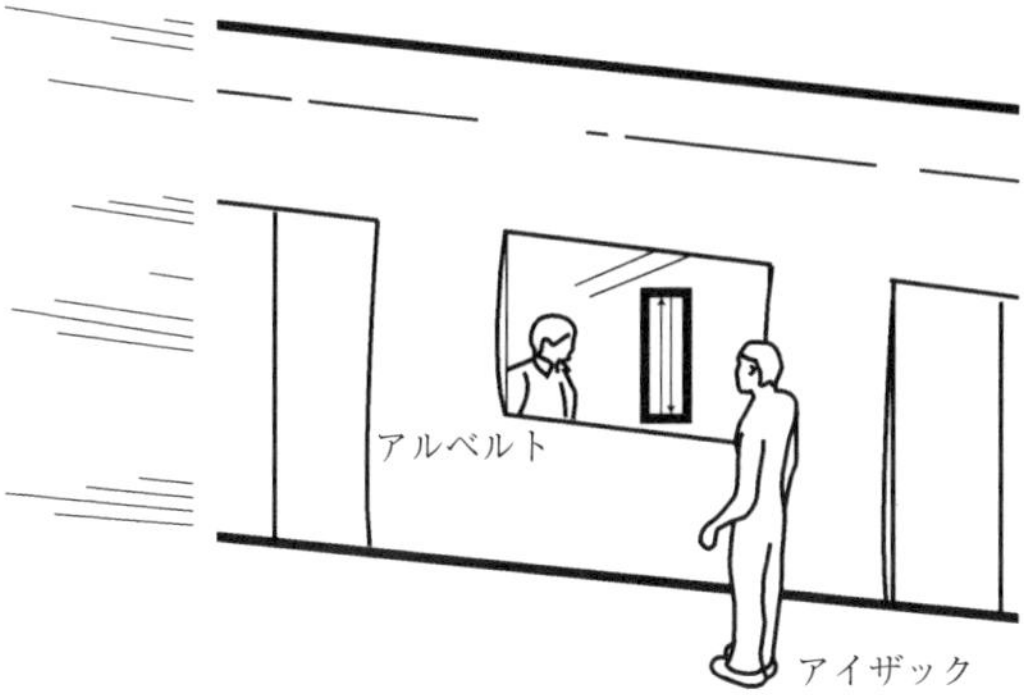

図3－5

ほしい（図3－6参照）。アイザックから見れば、アルベルトの時計の光線が上下を往復するには、自分の時計の光線が上下を往復するのに進む距離よりも、さらに長い距離を進まなくてはならない。結果、アイザックには、アルベルトの時計が、自分の時計よりもゆっくりと時間を刻んでいるように見える。つまり、アイザックに言わせれば、アルベルトの時計は遅い。だがここで、アイザックにもアルベルトとまったく同じ光時計が与えられたとしてみよう。アルベルトからすると、アイザックがもつ時計の光のパルスは、アイザックから見たアルベルトの時計の光の経路とまったく同じような経路をたどるように見える。アルベルトにとっては、アイザックの時計こそ遅いのである。実際には、相手の時計が遅いと考える点では、どちらも間違いだろう。というのも、いずれの考えも、絶対運動と絶対時間を前提としているからだ。アルベルトについてもアイザックについても、絶対運動か絶対静止のいずれかの状態にあるとは言えない。単に、両者の座標系が異なるにすぎないのだ。しかし、このことが意味するの

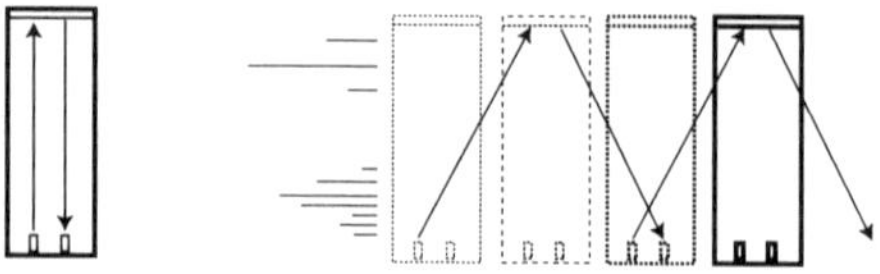

図3－6

は、時間が経過する割合は、座標系に相対的ということである。繰り返しになるが、単一の客観的な時間など存在しない。*自分がどのくらいの絶対速度で運動しているか、あるいは、今何時であるかといったことに関して、誰が正しく誰が間違っているかを教えてくれる、決定的な「神」の視点なるものは原理的にも存在しないのである。

ここで何が起こっているかを明確にしておくことは重要である。速く運動すれば、時間はゆっくり進むというわけではない。これは二つの点で間違いを犯している。第一に、絶対的な観点では速い運動というようなものは存在しない。静止状態か速い運動かは相対的なものだ。第二に、速い遅いが問題となるような、絶対時間も存在しない。それぞれがそれぞれに時間を測定するしかなく、相対速度が異なれば、それらは一致しなくなるというだけのことである。このことは、出来事によって構成される時間が、完全に主観的であることを意味しない。同じ座標系にある（互いに空間的にも近い）二人の観察者の間では、今何時であるかということや、どの出来事とどの出来事が同時かということについて、両者の意見は一致するだろう。

アインシュタインは、運動の相対性に関する自らの想定にもとづき、かなり具体的な多くの予測を行った。そして、大きなスケールの出来事のレベルで観察される限り、アインシュタインの理論の正しさは何度も実証された。彼の理論においては、背後に客観的な時間の流れを考える必要はまったくなく、誰かの座標系と独立に今何時であるかを主張しても、その真偽の根拠は与えられない。現代の相対論的物理学では、空間と時間は**時空**に取って代わられる。その主たる理由は次にある。空間的な量と時間的な量は、自らの座標系にしたがって個々に変化する。しかしながら、（**時空間隔**として知られる）不変量が存在する。これもやはり自らの座標系にしたがって、無数のやり方で空間的間隔や時間的間隔に分解、もしくはスライスすることが可能な不変量である。時空の概念が有益であるのは、次の理由による。異なる観察者の空間および時間上の経路は各々のパースペクティブに依存するという意味で、空間と時間は異なる仕方で切り分けられる。とはいえ、四次元時空の観点から数学的に記述される経路については、すべての観察者の間で意見の一致をみることができる。さらには、空間上の速度は相対的だが、時空上の速度はそうではない。ややルーズな語り方をするなら、何ものも空間上を光より速く進むことはできないが、すべての人やも

＊　この結論がどうしてそれほど直観に反するように思われるかについては簡単な回答がある。われわれがここで議論しているタイプの相対論的効果は、相対速度が極度に大きい場合や、極度に精度の高い装置が与えられた場合にのみ観察可能となる。だが、これらの効果が注目されたり重要視されたりするような状況のもとで、われわれは進化したわけではない。それゆえ、われわれの知覚能力や認知能力は、これらの効果が問題となるような世界に適応していると期待することはできないだろう。結果、想像力や知性を通じて相対論に取り組もうとするとき、それはきわめて奇妙に感じられる。しかし、これまで何度も、相対論の正しさは実験を通じて実証されてきたのだ。

のは時空上を光の速さで「動いている」。等速度のどのくらいが空間上の速度に対する時間上の速度に当たるかは座標系に依存する。けれども、空間上の運動と時間上の運動を組み合わせると、必ず光の速さになる。(2)

したがって、相対論が教えるところでは、時間の本性と実在をめぐる古くからの問題に取り組むには、実在的な量、すなわち時空の観点から考えなければならない。あるいは、もう少し控えめに言えば、時空なるものが存在すると取り決めることが、実際に起こっていることの効果的な数学的モデルを作り出すのに一役買っている。だが、時空は実在するのだろうか。この問題を提起するため、さらにもう少し時空について理解する必要がある。

時空とは何か

アインシュタインの理論をサポートするため、ポーランドの数学者ヘルマン・ミンコフスキーは一九〇八年ごろ、時空に関する数学を考案した。ある講義のなかで、彼は次のように述べている。

ここで私が披露したいと思う空間と時間に関する見解は、実験物理学の土壌から湧き出たものであり、そこに強みがある。それはラディカルな見解である。今後、単独の空間や単独の時間は単なる幻影として消えゆく運命にあり、これら二つのある種の融合によってのみ、独立した実在は保たれるだろう。

われわれはすでに、アイザックとアルベルトのような、異なる慣性系の観察者は、出来事の間の時間的間隔に関して意見が一致しなくなることを見た。そのような観察者は、空間的間隔に関しても意見を異にするだろう。光の速さはどの慣性系にとっても一定であるので、ある点から別の点に光が進むのに要する時間量により、空間的間隔は測定することができる。これが「光年」という概念（すなわち、光線が一年間に進む距離）である。このことが意味するのは、時間的間隔の測定と空間的間隔の測定の間には深いつながりがあるということだ。今何時であるかに関してアイザックとアルベルトの意見が一致しない場合、両者はまた空間的距離に関しても異なる解釈を与えていることになる。一年の経過に関して両者は意見を異にし、アイザックが一光年として（あるいはその割合で）測定するものは、アルベルトが一光年として測定するものと同じではなくなる。

しかしながら、空間的間隔や時間的間隔を決定するにあたり、すべてが混沌状態にあるというわけではない。時空間隔はあらゆる観察者にとって一定である。たとえば、ある慣性系のある観察者は、二つの出来事の間の空間的間隔をより小さく測定する一方、時間的間隔をより大きく測定するかもしれない。だが、別の観察者はその逆を行っているかもしれない。それゆえ、空間的間隔と時間的間隔は変化するが、その変化を通じて、あらゆる出来事間に成り立つ単一の普遍的な時空間隔を可能にするような秩序が保たれており、それについてはすべての観察者の意見が一致する。空間と時間の融合によってのみ「独立した実在は保たれるだろう」とミンコフスキーが述べたとき、彼が意図したのはこのことである。

この段階で、対象と出来事がどのように時空上に配置されるかを示す図を描くことができればうれしい〔のだが、そう簡単でもない〕。時空を数学的に表現することは可能とはいえ、十分に適切な図像的表現を生み出すことはできない。というのも、観察者の見方はそれぞれ異なるからだ。一斤のパンを様々な角度で切り分けた図を描くことはできるかもしれないが、実際のところ、それでは三次元空間を異なる角度で切り分けたことにしかならず、四次元時空の切り分けは実際には表現されない。特定の観察者のパースペクティブからの表現にすぎないが、ミンコフスキーは時空を視覚的に表現する巧妙な方法を思いついた。いわゆる**光円錐**による表現だ。任意のパースペクティブから見たとき、実在のすべては三つの構成要素に分割することができる。すなわち、ある観察者の過去の光円錐、未来の光円錐、そして**絶対的他所**である。[3] ここで再び、アイザックについて考えよう。アイザックの「絶対過去」にあるもの（すなわち、彼の過去の光円錐の内部にあるすべてのもの）は光の速さによって制限される。（相対論が予測するところでは、光の速さを超えることはできない。）過去の光円錐が表すのは、現在までにアイザックに影響を与えることができた出来事、あるいは彼が知りえた出来事の空間的距離である。* 光線があらゆる方向からアイザックのいる位置に到達すると想像しよう。過去の光円錐の表面はこれらの光線の経路を表現し、過去の光円錐の内部は、アイザックに影響を与えることが可能な、光よりも遅いすべての出来事を表現する。未来の光円錐はこの逆だ。すなわち、光円錐の表面が表現するのは、アイザックが光の速さで信号を送ることにより影響を与えることができる未来の出来事の空間的距離である。

図3-7は、任意の一般的な観察者、たとえば、アイザックや他の観察者が、自らの慣性系において当の位置にあるとした場合、そのパースペクティブから見た時空を表現している。（過去と未来の光円錐が、三次元的に捉えられていることに注意してほしい。たとえば、アイザックの未来の光円錐は実際には、影響可能な領域の広がりを表現している。）アイザックの過去と未来の光円錐の内部にある出来事は、彼と**時間的に隔たっている**と言われる。また、絶対的他所（アイザックの光円錐の外部にある区域）は、次のような空間的／時間的区域を表現している。すなわち、（ある瞬間において）アイザックと同じ位置にいるが、（相互に）異なる速さで運動している観察者を考えたとき、その区域（光円錐の外部）のどの出来事が、アイザックの位置で起こっている任意の出来事と同時であるかについて（アイザックとは）意見を異にするような、そうした区域である。アイザックの光円錐の外部にあるこれらの出来事は、彼と**空間的に隔たっている**と言われる。（たとえば、先の例における落雷は、アルベルトともアイザックとも空間的に隔たっている。）こうして、すべては一つの時空のなかに配置される。そして、速度のようなものに関して異なる複数のパースペクティブがなぜ互いに異なるかは、個々の観察者が時空をどのような仕方で、自分と時間的に隔たったもの、あるいは空間的に隔たったものへと切り分けるか

＊　「正しい」慣性系は存在しない。それゆえ、ミンコフスキー時空の文脈で「絶対過去」や「絶対未来」という用語はよく使われるとはいえ、ニュートン物理学の意味での絶対的な過去や絶対的な未来は存在しない。目下の文脈において、これらの用語が意味するのは単に、特定の出来事がそれぞれアイザックの過去と未来にあることについて、どの観察者も意見が一致するということである。

〔についての違い〕に言及することで説明される。

ものと出来事を収容する実在的な場としての時空という概念は、アインシュタインによって拡張された一般相対性理論の文脈においてさらに重要になる。一般相対性理論は、重力に関する新たな理論を提供する。その際、質量や重力、加速度といった、われわれも自覚する諸効果が説明される。等速度とは異なり、加速度は単に座標系に依存す

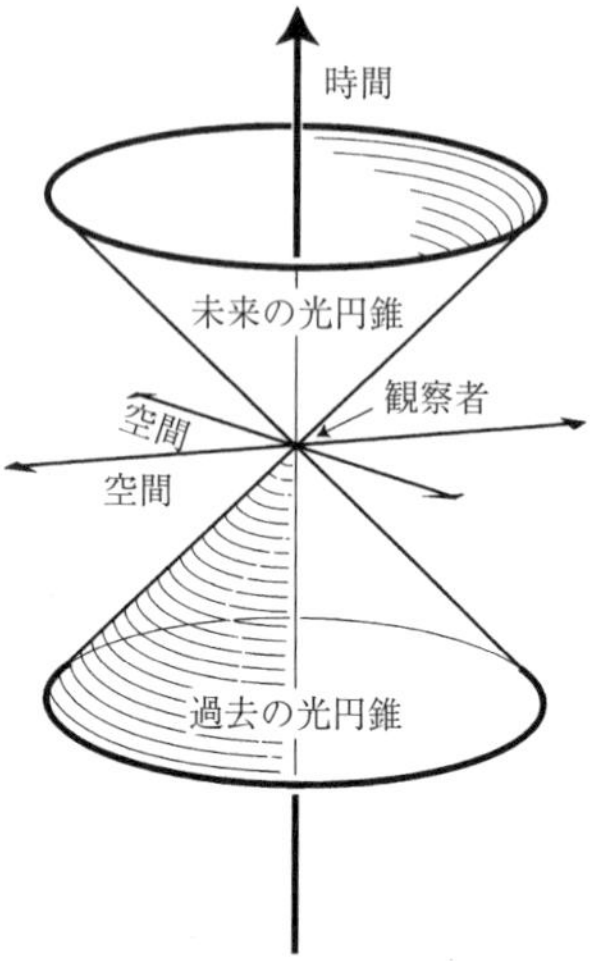

図３－７

るような事柄ではない。したがって、その客観的な特性は速度とは区別される必要がある。アインシュタインは、時空上の軌道という観点からこれを行った。等速度とは異なり、加速度は時空上の直線的ではない軌道によって表現されるのである。一般相対性理論ではさらに、重力は質量の存在と関係した時空のゆがみにより説明される。時空はこのように、速度の相対性だけでなく加速度や重力といった非相対的な力も説明できる、数学的に言って非常に有用な道具立てなのだ。現代の物理学においては、対象や出来事からなるこの宇宙を内に含み、それを構成するような、実在的な時空という観点から語ることは一般的である。

時空に関する実在論

時間の経過の実在性について議論する次章において、われわれは再び相対性理論に話題を戻すことになるだろう。そこでは、同時性の相対性からの含意が改めて表舞台に登場する。だがそれまでの間、時空という考えそれ自体に焦点を絞ろう。ニュートンの絶対空間および絶対時間を放棄した今、アインシュタインとミンコフスキーの時空についてはどうだろう。それは実在物なのだろうか。たいていの物理学者は、このような問題にあまり関心がない。というのも、物理学のモデルが諸現象の説明と予測に成功を収めるうえで、そうした問題に答えることは要求されないからだ。とはいえ、可能な限りこの問題に取り組もうとした物理学者もいるし、多くの哲学者はそれに取り組んできた。すでに見たように、相対論は時空を、（固有の性質を備えた）ある種の四次元ブロックとして扱う。そして、それぞれの座標系に依存し、このブロックは異なる形で空間的要素と時間的要素に切り分けられるのである。ところで、それがブロックであるとすれば、そのブロックは何からできているのか。この問いに対する答えはしばしば難解なものとなる。古典的な実在論からの一つの提案は、時空は瞬間的な時空点により構成されるというものである。そして、実在論の提案のもう一つ別の形として、時空は時空点から構成されることに加えて、そこには時空点の計量関係も含まれており、これらが時空の同一性を支えているというものもある。（この後者の提案は、より単純な前者が直面する大きな問題を解決することを意図している。説明や予測を目的とする場合、単純な提案では、時空上の点の現実的な配置が十分に効力を発揮しないのである。）

ニュートンの絶対空間と絶対時間を時空に取り替えたところで、ライプニッツは満足しないだろう。彼は次のように問うかもしれない。物質的な諸物体からなる宇宙全体が、この実在的な時空に対して、一様に異なる方向をもつことは可能だろうか、と。われわれはこの宇宙に住んでいるのか、あるいは、それと鏡像関係にある〔別の〕宇宙に住んでいるのか。このような問いは実践上いかなる帰結ももたず、また、観察可能な帰結ももたない。だが、時空に関して実在論をとる限り、この種の可能性を深刻に受け止めなければならない。ライプニッツなら神学的な根拠（一方の物質の配置に対して、他方の配置を選択する理由が神にはないという根拠）から、そのような可能性に対して抗議するだろう。しかしまた、観察上の違いがありえない二つの異なる物理的可能性（すなわち、この宇宙とそれと鏡像関係にある宇宙）が存在することに対しては、科学的な見地から抗議することも可能だろう。このような二つの可能性を許容する理論が科学的だと言われても、それを申し分のない物理理論と見なしうるかどうかについて、科学哲学者は一般に疑念を呈する。

さらには、何かが無限小の点から（文字どおり）構成されることはありえないという、アリストテレスの指摘も思い起こすべきだ。ユークリッドの点は長さゼロであり、長さゼロのものをどれだけ集めても、長さゼロではない何かを作り出すことはできない。また、点からの構成を考えるならば、任意の二点間の限定的かつ有限の空間的部分を無限に積み上げなければならず、ゼノンの「二分法のパラドクス」や「アキレスと亀のパラドクス」に陥る。こうしたことから、時空が点から構成されるという見解はどれも排除されるように思われる。点を集めても何も作り出すことができないとすれば、時空がどうして点から構成されうるのか。時空を作り出す諸部分が点のような単なる数学上の虚構ではないとすれば、それらは一体何なのだろう。

これらの懸案事項を踏まえると、レンガの壁がレンガで構成されるのと同じように、時空も一つひとつのユニットから構成されると有意味に考えることができるとは思えない。そこで、バリー・デイントンは次のような可能性を考える。「肉眼で見える物質的対象は部分に分割可能だが、それと同じように、実在する実体のすべてが部分に分割可能というわけではないかもしれない」。換言すれば、時空を実在するものとして考えようとすれば、家（や水素原子さえも）が部分をもつのと同じようには部分をもたないような何かとして、それを考える必要があるかもしれない。だが、これは整合的な可能性だろうか。何かがものである限り、少なくとも原理的には、それは部分をもたねばならないのではないか。あるいは、この規則は時空のなかにあるものにのみ当てはまり、時空それ自体には当てはまらないのだろうか。

時空に関する実在論を検討する際、もっとも根本的な問いはおそらく、実在を捉えることが本当に核心的な問題かどうかである。相対論の標準的な解釈において、時空はそれ自体が存在者として扱われることはすでに見た。**科学的実在論**とは、成功を収めた科学理論は文字どおり理解されるべきだという見解である。すなわち、観察できるもの（たとえば、彗星やミツユビナマケモノ）も、観察できないもの（たとえば、電子や時空）も、当の科学理論が記述する存在者は、それらが記述されたとおりに真に存在すると理解されねばならない。

これに対して次のような見解もある。根本的な物理科学の核心とはまさに、本質的に実用的なモデルを作り出すことである。諸々の観察を体系化し、われわれが知るところの出来事（そして、その限りでの出来事）を予測するのに役立つことこそ、物理科学の目的なのだ。科学的実在論に対するこの代替案は、**科学的道具主義**と呼ばれる。通常、科学者は科学的実在論者だと思うかもしれないが、実際はそうではないこともよくある。最近書かれたエッセーのなかで、N・デイヴィッド・マーミンは道具主義の立場をとっている。

われわれの経験の原料は出来事からなる。出来事はわれわれの経験において直接アクセス可能であるおかげで、不可避的に古典的特性をもつ。空間と時間、そして時空はわれわれの住む世界がもつ性質ではなく、古典的な出来事の体系的理解を促すためにわれわれが発明した概念である。次元や間隔、曲率あるいは測地線といった概念は、われわれの住む世界がもつ性質ではなく、出来事の体系的理解を促すためにわれわれが発明した、抽象的な幾何学的構築物がもつ性質なのだ。

時空とは何かについて物理学者の表明することが、実在にとって重要性をもつと考えられるかどうかは、実在が物理学の主題であると考えられるかどうかによる。これに対する正しい答えはおそらく微妙な意味合いを帯び、物理理論に関する穏当な解釈を必要とするかもしれない。『ホーキング、宇宙を語る』のなかで、スティーヴン・ホーキングは科学理論について穏当な説明を与えている。

……理論とは要するに宇宙全体あるいはその限定された一部についてのモデルであり、モデルの中の量をわれわれの行なう観察に関係づける一組の規則である……理論はわれわれの頭の中にだけ存在し、それ以外にはどんな実在性（それがどんな意味であろうと）も有しない。つぎの二つの要件を満たすものはよい理論である。第一に、恣意的な要素を少数しか含まないモデルにもとづいて大量の観察を正確に説明するものでなくてはならない。第二に、これから行なう観察の結果について確定的な予測をするものでなくてはならない。(4)

時間の物理学に関する二〇一〇年の著書『永遠からここへ』のなかで、ショーン・キャロルはこれに同意し、時間的な諸概念に対するその含意について言及している。

驚きかもしれないが、どの概念が「実在的」でどれがそうでないかを判断することに、物理学者はそれほど関心を示さない。物理学者は、実在する世界がどのように動くかにはとても高い関心をもっているが、彼らにとってそれは、諸々の理論的モデルを構築し、それらを経験的データと突き合わせるという問題なのである。重要なのは、それぞれのモデルの特性を示す個々の概念（「過去」、「未来」、「時間」）ではなく、全体としての構造である。実際、一つの特定のモデルが、まったく異なる概念の集まりを用いて、二通りの完全に異なる仕方で記述可能であることが判明するというのはよくあることだ。

マーミン、ホーキングそしてキャロルによるこれらの記述はそれぞれ、時空について科学者が公言していることの道具主義的な解釈を促す。しかしながら、注意すべきは、受け入れ可能な科学理論を構成するものは何かということが、単に主観的な問題であるとまで彼らは述べていないということだ。とりわけ、キャロルの確信に満ちた、「実在する世界」への言及に目を向けるべきである。道具主義的な立場から見た場合でさえ、科学において実在が重要性をもたないということは決してない。科学により記述可能となる客観的実在という考えを捨て去ってしまえば、物理的宇宙を記述する諸理論が予測において成功を収めているという事実は、説明のつかない奇跡になってしまうだろう。実在は観察と推論を通じて不完全にしか捉えられないとはいえ、われわれの理論選択に一定の制約を課す。科学的道具主義が認めるのは単に、われわれが実在をどう表現するかは不可避的に、われわれの知覚能力と思考法に媒介されているということである。だが同時に、真理と客観性の点においてはやはり、諸々の宇宙の記述のなかで優劣はある。というのも、われわれが観察するものをより多く説明し、未来の観察に関してより正確な予測を可能にする宇宙の記述こそが優れた理論だからである。

相対性理論が記述するとされる、量子が問題にならない世界に関する限り、その正しさは十分すぎるほど裏づけられている。そして、相対論の標準的な解釈では、時空は出来事の実在的な基盤として扱われる。したがって、時空に関する実在論は観察と十分に適合するのだから、それは立派な仮説であると言える。だが、ここからさらに、時空は実際に実在すると結論することができるだろうか。われわれの知識が将来どのように進歩しようと、この問いに対して確定的な答えが得られるかどうかについては、われわれの期待は穏当なものにとどめなければならない。

さらなる探究が有意義と言える問題の一つとして、時間の経過という付随的な（しかし、多くの論者にとっては、もっと大きな議論を巻き起こす）論点がある。時間の実在論者ニュートンにとって、時間がもつ本質的かつ決定的な性質は、その「規則的で一様な流れ」だったことを思い起こそう。ニュートン以後の哲学においては、存在すると言われるこの時間の動きという考えに、たくさんの注目が集まった。われわれの日常生活において、もっとも大きな意味をもつ時間の側面はその経過であり、時間の本性に関する研究と、時間経験に関する研究が合流することになるのも、この時間の経過をめぐる問題においてである。

訳者注

（1）「ハチ公前」の原文における表現は「the corner of Fifth and Main」である。より正確な訳語としては、「五条通りと大通りの角」となるが、ここでは直観的な分かりやすさを重視した。ただし、「ハチ公前」として知られる有名な場所は日本に（おそらく）一つしかないのに対して、アメリカ合衆国やその他の英語圏において「the corner of Fifth and Main」として知られる場所は複数あるだろう。つまり、この表現は特定の「場所」を表すジェネリックな名前として用いられている。

（2）著者も認めるように、ここでの記述はややルーズであり、場合によってはミスリーディングであるかもしれない。重要なポイントは次のことだ。どの座標系から見ても、時空間隔は不変である。そして、その不変である時空間隔が、異なる座標系においては異なる仕方で、時間的成分と空間的成分に分解される。

なお、時空の概念については、次節の解説も参照せよ。

（3） 絶対過去および絶対未来の「時間的領域」に対して、絶対的他所は「空間的領域」と呼ばれることもある。原点が与えられたとき、同時性は慣性系によって異なる（次段落を参照）が、時間的領域と空間的領域の区分についてはどの観察者の意見も一致する。

（4） 日本語訳については、林一訳『ホーキング、宇宙を語る』（早川書房、一九八九年、二七頁）を参照。

引用文献

Alexander, H. G., ed. *The Leibniz-Clarke Correspondence* (Manchester, UK: Manchester University Press, 1956).（「ライプニッツとクラークとの往復書簡」ライプニッツ『ライプニッツ著作集（9）』収録，西谷裕作・米山優・佐々木能章訳、工作舎、一九八九年、二六三–四二八頁）

Carroll, Sean. *From Eternity to Here* (Oxford, UK: Dutton, 2010).

Einstein, Albert. *Relativity: The Special and the General Theory* (London: Routledge, 2001).

Hawking, Stephen. *A Brief History of Time* (New York: Bantam, 1988).（スティーヴン・W・ホーキング『ホーキング、宇宙を語る』林一訳、早川書房、一九八八年）

Mermin, N. David. "What's Bad about This Habit," *Physics Today* 62 (2009), 8-9.

Minkowski, Hermann. *Address to the 80th Assembly of German Natural Scientists and Physicians*, September 21, 1908.

Newton, Isaac. *Principia Mathematica* (1687).（ニュートン『プリンシピア——自然哲学の数学的原理』中野猿人訳、講談社、一九七七年）

本章の諸問題に関連する他の文献

Callender, Craig. "Is Time an Illusion?" *Scientific American*, June 2010, 59–65.

Chakravartty, Anjan. "Scientific Realism," *The Stanford Encyclopedia of Philosophy*, ed. by Edward N. Zalta, http://plato.stanford.edu/entries/scientific-realism/.

Dainton, Barry. *Time and Space* (Montreal: McGill-Queen's University Press, 2002)

Epstein, Lewis Carroll. *Relativity Visualized* (San Francisco: Insight Press, 1985).

Huggett, Nick, and Hoefer, Carl. "Absolute and Relational Theories of Space and Motion," *The Stanford Encyclopedia of Philosophy*, ed. by Edward N. Zalta, http: //plato. stanford. edu/entries/spacetime-theories/.

第4章　時間の流れ

古くからの考えだが、時間がもつ決定的な性質は、それが経過するということ、あるいは流れるということである。このいわゆる時間の経過は、実在的な過去、現在、そして未来の概念と密接に結びついている。なぜなら、時間の経過とは、出来事が未来であることから現在であることへ、そして過去であることへと移りゆくとともに生じる変化だからである。時間（あるいは、時間において変化するこれらの出来事）がもつ、この本質的な特性は実在するのだろうか。

時間は経過しないと考える（論理的な）理由

ニュートンは、独立して実在する時間の流れという考えに言及したが、彼がその最初の人物というわけではない。すでに見たように、プラトンは、時間を天体の運動と同一視していたように思われる。天体の回転運動と時間の経過は同一のものである。四世紀、新プラトン主義の哲学者だったシリアのイアンブリコスもまた、未来から現在、そして過去へと移る時間の流れについて語った。ただし、彼はパルメニデスのパラドクスに気づいており、その結果、この時間の流れは見かけ上のものにすぎないと断言するにいたった。

時間の川という比喩はしばしば、いわゆる時間の流れや時間の経過という考えを図解するのに用いられる。比喩として用いられる場合でさえ、このイメージはやや不明瞭だ。われわれは川岸にいて、出来事が過ぎ去るのを見ているということなのか。それとも、われわれの方が川の流れにのって、川岸にある出来事の前を通り過ぎていくということなのか。これら二つの視覚化の違いはおそらく、何ら実在の差異を表現してはいない。したがって、「流れ」や「経過」という語は、時間について使用される場合には曖昧である。こうした語の使用は、出来事が未来から現在、そして過去へと「後ろ向きに」進んでいるように記述されうるという点では、出来事がどのように変化して見えるかについて述べていると言える。あるいは、次のようにも言える。われわれの経験における変化は、動く今とでも呼ぶべきものに依存しており、それは絶えず流れるように未来へと、「前に向かって」動くたった一つの現在なのだ、と。

いずれにせよ、時間の経過という概念は、時間を通じての変化という概念と密接に結びついている。かつてパルメニデスが幻覚として批判したのもまさに、時間を通じての存在や出来事、性質における変化だった。時間を通じての変化という概念は、実在する未来が現在となり、現在が過去となること（ニュートンが言及したような、時間の流れや経過）を前提としている、パルメニデスはそう論じた。すでに見たように、時間に関するニュートンの考えのいくつかは、ニュートン以後の物理学の展開によりその根拠を失った。時間を通じての変化、そしてまた、時間そのものの変化の実在に関するパルメニデスの主張を評価するにあたり、現代においてわれわれは一体何を学んだのだろうか。

運動、空間および時間の相対性に関して突破口を開いた、一連の独創的な論文をアインシュタインが発表したおよそ同時期の一九〇八年、イギリスの哲学者にして時間の観念論者であるＪ・エリス・マクタガートは、時間の観念論を支持するパルメニデスの元の議論を土台として、時間の非実在性を示す非常に影響力のある論証を提示した。それ以降ずっと、時間の実在性に反対するマクタガートの論証の核心をめぐる議論が、哲学者たちにとって重要な焦点となった。

パルメニデスと同じく、マクタガートもまた、変化には時間の経過が含まれると理解したうえで、時間の実在性は変化の実在性に根拠をもつと考えた。変化は出来事の実在的な一側面であるとする理論を、時間に関する**動的な理論**と呼ぶことにしよう。この動的な理論については実際、これほど自然で直観的なものは他にないように思われ、それは自明であるようにも見える。そこには、この今、すなわち、この現在の瞬間はどこか特別であるという考えが含まれている。この瞬間は、かつて起こったことやこれから起こることではなく、今本当に起こっていることを取り出すという点において特別なのだ。それはまた、まさにこの瞬間も絶えず、新しい今に取って代わられるという点において変化している。未来の出来事は過ぎ去ろうとし、それと同時に、今起こっていることは過去へ消え去る。時間は経過するが、（いわば）現在にまさるときはない（there is no time like the present）。時間におけるこのような変化が実際には変化のすべてであり、変化の実在性は否定できないように思われる。

動的な理論に対するマクタガートの反論は、経験というよりは論理にもとづくものだ。それは単純だが衝撃的でもある。すでに見たように、時間における出来事の順序の捉え方は二つある。一つは「過去」、「現在」そして「未来」をもとにした捉え方であり、もう一つは「より前」や「より後」をもとにした捉え方である。前者の時間系列（これをマクタガートはA-系列と呼ぶ）は動的である。今未来である出来事は現在になり、そして過去になる。言いかえると、出来事がもつこのような性質や述語規定（すなわち、未来性、現在性そして過去性）は、時間を通じて変化する。A-系列の変化とは、時計を用いて測定されるものだ。出来事は過去か現在か未来であるかに関して変化し、どれほど未来であるか、あるいはどれほど過去であるかに関しても変化する（すなわち、出来事は時間を通じてより近くの未来になったり、より遠くの過去になったりする）。したがって、A-系列支持論者は、出来事が過去性、現在性そして未来性という内在的な時間的性質をもち、時間を通じてそれらを喪失したり獲得したりするという考えにコミットしている。もうお分かりのように、時間の経過は実在的な現象であると考える立場にとって、A-系列の観点から時間を捉えることは不可欠なコミットメントである。

もう一つの時間系列（これはB-系列と呼ばれる）は、カレンダーに記された出来事を見ることによって得られる類の情報に言及する。カレンダーを見れば、そこに記された出来事の日付が分かるし、ある出来事に対してどの出来事が先にくるか、後にくるか、あるいは同じ日付かどうかが分かるだろう。出来事間のこの種の関係は、時間を通じて変化しない。一つの出来事があるとき、別の出来事と同時かより前、あるいはより後にあるとするならば、そのことは常に成り立つ。B-系列支持論者にとって、正真正銘の時間的性質は無時間的なB-系列の関係にのみ関わり、出来事それ自体がもつ、現在性のような変化可能な性質とは一切関わりがない。言いかえれば、B-系列支持論者は時間に関する実在論者ではあるが、時間の経過に関しては観念論者なのである。（つまり、B-系列の関係の実在性を肯定する一方、A-系列の性質の実在性を否定する。）これが時間に関する**静的な理論**である。*

A-系列は、時間における変化や時間を通じての変化を表す。時間の経過が実在するかどうかは、A-系列の時間的性質が実在するかどうかにかかっている。それゆえ、重要な問いは、「A-系列の時間規定は実在するかどうか」である。真の意味で現在であるような出来事や、過去であるような出来事、そして未来であるような出来事が存在すると述べることは正当化されるだろうか。あるいはまた、今がいつかを知らなければ、何か本当に重要な情報を失うことにならないだろうか。

パルメニデスはかつて次のように主張した。ある出来事が現実に未来か現在、または過去であると述べる場合、その出来事が未来であり現在であり、そして過去であるということにもコミットすることになる、と。だが、これらの時間規定は両立不可能である。各出来事にこれらの時間規定がすべて帰属されるならば、それはまた他のばかげた考えへと導くことになるだろう。たとえば、ナポレオン・ボナパルトは存命中であり、かつ存命中ではないというような結論や、恐竜が地上を闊歩し、かつ闊歩しないというようなばかげた結論にいたってしまうのである。

パルメニデスに対する自然な応答は次のものだ。すなわち、現実の出来事がこれらの矛盾した時間

＊　動的な理論はときとしてA-理論と呼ばれることがある。それに対して、静的な理論はB-理論と呼ばれる。

規定のすべてを実際にもつといっても、それは異なる別の時点においてそうであるにすぎない。ある時点においてナポレオンは存命中だが、別の時点ではそうではない。「ナポレオンは存命中である」のような言明の真理は、その言明がいつ発せられたかに依存する。ナポレオンの死後、彼の生存状態を記述する際われわれは、「である」を「だった」と表現し直すという具合に、使用する動詞の時制を変える。「ナポレオンは存命中である」のような平叙文の時制の変化が適切なものとなるのは、物事がもつA-系列の性質における変化のおかげである。時制を使用することはこの点において、A-系列の性質が客観的に実在することへのコミットメントを反映している。結果として得られる「時制化された」言明の真理は、A-系列上の状況（すなわち、ナポレオンは現在において存命中なのか、それとも単に過去において存命中なのか）に依存する。動的な理論の支持者は、時制化された言明を基礎的で消去不可能なものとみなす。ところで、ある言明の**真理条件**とは、その言明が真であるために成り立たなくてはならない条件のことである。A-系列支持論者は、時制化された言明はA-系列の事実により真となるという考えにコミットしている。言いかえれば、「Xが今成立する」というような言明の真理は、Xが現在であるという事実に依存するという考えにコミットしている。

マクタガートはここで、「かつて〜だった」や「今〜である」、あるいは「やがて〜だろう」といった時制の使用を含む言明の真理条件に関して、一つの問題を指摘する。* 動的な理論の支持者ははたして、「ナポレオンは存命中である」のような、時制化された言明がいつ真であるかを説明することができるだろうか。未来の出来事「P」（たとえば、二〇三二年のアメリカ大統領選挙）を取り上げよう。

大統領選挙は実際に行われ、それゆえ、「Pが起こるだろう」という言明は真であるとする。ところが、「Pが起こるだろう」は常に真というわけではない。＊＊ Pは二〇三二年において現在になり、したがって、「Pが起こるだろう」がそのとき発話されたなら、それは真ではないだろう。二〇三二年より後にはもちろん、Pは過去になり、したがって、「Pが起こるだろう」はそのときもまた真ではないだろう。だとすれば、「Pが起こるだろう」が真であるのはいつか。「Pが起こるだろう」が真であるのは、Pが現在において未来であるときだ。

しかし、これでは答えにならないとマクタガートは言う。このように応答されても、「Pが起こるだろう」の真理をどのように評価すべきかが分からない。というのも、「Pは現在において未来である」という言明はたしかに今は真であるが、別の時点では真ではないからだ。二〇三二年より後になると、Pは現在において過去である。この段階では、「Pは現在において未来である」は偽になる。それゆえ、「『Pが起こるだろう』が真であるのは、Pが現在において未来であるときだ」と述べたところで、「Pが起こるだろう」がいつ真であるかという問いに答えたことにならない。〔今度は〕「Pは

＊　以下に示す議論は実際にはマクタガート自身のものではないが、彼の議論の本質的部分の再構成としては一般的なものである。

＊＊　本書をお読みになっているのが二〇三二年より後なら、ここで書かれていることはよくお分かりだろう。二〇三二年の読者にとっては、「Pが起こるだろう」は偽であるのに対して、「Pがかつて起こった」が真である。

現在において未来である」が真であるのはいつかを知る必要がある。だが、それに対する答えは（時制を他の事実に還元できない基礎的なものと考える限り）、「Ｐは現在において未来である」は現在において真である、というものになる。

さて、同じ問題は次のレベルでも再び生じる。「Ｐは現在において未来である」は現在において真である（が、未来においては偽である）ことを明示しても、それは十分ではないだろう。今度は、『Ｐは現在において未来である』は現在において真である」という言明がいつ真であるかを明示しなければならず、このようなことをずっと続けなければならない。これは無限後退として知られ、終わりはないのである。それゆえ、時制化された言明の真理条件を、Ａ‐系列の観点から完全に明示することはできないのである。この無限後退を終わらせる唯一の方法は、当の発話と発話の主体に対して、Ｂ‐系列上の位置を与えることだ。（たとえば、二〇三二年より前に発せられたとき、「Ｐが起こるだろう」は真である、といった具合に。）パルメニデスはかつて次のように主張した。どの出来事にも相反する性質がすべて帰属されることになるのだから、Ａ‐系列の性質を出来事に帰属することには矛盾が潜んでいる、と。マクタガートがここで示したのは、時制化された言明の真理値が時間を通じて変化することに言及することで、どんなにうまくこの問題を回避しようと試みたとしても結局、新たな矛盾が際限なく生じ続けるということである。

われわれは以前、時間の経過とは出来事が未来から現在、そして過去へと移る動き（あるいは、未来が現在となり、現在が過去となるときの現在の動き）であると定義した。過去、現在そして未来について語ることは無限後退に導くのだから、このような語りは概念的に不整合である。それゆえ、時間の経過という考えも概念的に不整合だ、マクタガートはそう結論する。

出来事が過去であるとか、現在であるとか、未来であるという性質を本当にもつと考えることにまつわる、別の奇妙な帰結もある。何か過去の出来事、たとえば、ワーテルローの戦いを取り上げよう。過去の出来事はもう済んだことであるので、さらなる変化を受けることはないと考えるべきだろう。だが、ウーリッヒ・メイヤーも指摘するように、時間に関する動的な理論の一つの帰結として、何か非常に奇妙なことがたった今、ワーテルローの戦いに生じていることになる。すなわち、ワーテルローの戦いが時々刻々、さらに遠い過去になっているという変化である。A-系列の性質が実在すると主張するならば、この結論は避けられない。だが、過去の出来事が今変化するなどということが、一体どうして可能なのか。パルメニデスとマクタガートの議論に加えて、このことは次のような疑念を抱かせるもう一つの理由を与える。すなわち、時間の経過が実在するということに関して、日常生活におけるわれわれは体系的に混乱しているのではないか、こういった疑念である。

ここで、マクタガートに対抗する動的な理論の支持者は、次のような可能性を模索するかもしれない。すなわち、過去と未来は存在しない、そのように主張する途である。時間と変化は実在するが、過去と未来は実在しないと考える立場、これが**現在主義**だ。パルメニデスのジレンマにおいて、過去と未来は存在し、かつ存在しないものとして語られる。そこで、現在主義者はこのジレンマの片方を受け入れる。つまり、過去と未来は存在しないという考えを受け入れるのだ。存在するのは現在の瞬間だけである。われわれは、絶えず変化する「今」に生きている。過去はいわば、われわれの記憶のなかだけに存在し、未来は想像のなかだけに存在する。パルメニデスがすでに指摘したように、過去と未来は存在しないのに対して、現在は目の前に現れていると考えることは概して自然である。過去は「もう済んだこと」であり、未来は「まだこれからのこと」である。これに対して、現在の瞬間は特別だ。過去に起こったことや未来に起こることとは違い、われわれは今起こっていることを直接認識することができる。* 今あるものだけが存在する。だから、パルメニデスとマクタガートの誤りはおそらく、変化の実在性を信じる限り、過去や未来にある出来事を実在するものとして扱うことになると考えた点にある。だとすれば、時間に関する動的な理論において、マクタガートが見出した矛盾は生じない。真であるとは今真であることに他ならず、他の時点において真であることではない。なぜなら、他の時点など存在しないからだ。

　だがやはり、日常的な方法で時間を概念化する場合、過去や未来の実在性にコミットすることになる。現在主義によれば、たとえば、ナポレオンの愛馬ヴァグラムのような、過去の対象は存在しない。とはいえ、ヴァグラムの色や大きさを記述する際、われわれはその馬について完全に有意味に語ることができるように思われる。ヴァグラムに言及しているのでないとすれば、われわれは一体何に言及しているというのだろう。B-系列支持論者なら、どうしてわれわれがヴァグラムに言及できるかを説明することができる。なぜなら、ヴァグラムは一八〇九年に存在するからだ。現在主義者にとって、この問題に答えるのは容易ではない。ヴァグラムは一八〇九年にかつて存在したが、今はもう存在しないと応答するならば（現在主義者でなければ、まったく自然な応答ではあるが）、現在主義者は、時制化された言明の真理条件にまつわる無限後退をめぐって、マクタガートが表明した懸念にさらされることになる。

さらに、たとえば、ベルリンの壁は一九八九年に崩壊したというような、過去についての真なる言明を検討してみよう。この言明は何を根拠に真とされるのか。おそらく、一九八九年に起こったことに関する事実がその根拠となる。だが、現在主義者は矛盾を犯すことなく、これに同意することはできない。というのも、現在主義においては、今起こっていない出来事の実在性は認められないからである。人々が今あの出来事の記憶をもっているといった事実や、壁があったと言われる場所に、コンクリートの瓦礫が今積み上げられているといった事実〔だけ〕では、ベルリンの壁が一九八九年に崩壊したことが今真であることの根拠にならない。もっと言えば、ベルリンの壁がそもそも存在したことの根拠にもならない。ベルリンの壁が崩壊したことが今真であることの根拠はひとえに、一九八九年におけるベルリンの壁の崩壊という出来事なのだ。われわれは過去について真なる言明を発することができると考える限り、現在のみが存在するというのは偽であるに違いない。われわれは現在では

＊　たしかに、ある時点でわれわれが認識する情報は、正確には今起こっていることではない。というのも、光や音の速さには限界があり、それが意味するのは、われわれが今経験していることは、いくらか前に起こった出来事であるということだからだ。しかしながら、少なくとも情報の到達と処理については、文字どおり今起こっている何かであると考えることができる。

ない時点の実在性にコミットしているとパルメニデスは述べたが、その理由の一つはここにある。（ただし、彼はまた、われわれは現在ではない時点の非実在性にもコミットし、それゆえ矛盾を犯しているとも述べたのだが。）

さらに言えば、現在主義は、変化の可能性の擁護としても自己論駁的であるように思われる。ゼノンの「飛ぶ矢のパラドクス」を思い起こしてみよう。このパラドクスは次のように語られる。どんな対象であれ、どの瞬間においてもそれは静止状態にある。時間がそうした瞬間から構成されるのであれば、対象はそもそも運動していない。さて、これに対する標準的な応答は、時間は無限小の瞬間から構成されてはおらず、運動とは広がりのある時間を通じた運動に他ならないというものである。だが、現在主義者にこのような応答はできない。現在主義によれば、現在以外の時点は存在しない。それゆえ、運動も、今何が起こっているかという問題でしかありえないのである。ゼノンの批判が示しているのは、運動やその他あらゆる変化に関する適切な分析を与えるには、現在の瞬間以外の時点に言及せざるをえないということだった。だとすれば、現在主義は変化の実在性を救う試みでありながら、むしろそれを捨て去ってしまう。変化の実在性を信じる限り、過去や未来の実在性にコミットすることになるとパルメニデスは述べたが、その理由はここにある。

概念的な不整合にまつわる問題から、時間に関する動的な理論を救い出す試みは失敗に終わるように思われる。だがこのことは、ゼノンやパルメニデス、アウグスティヌス、そしてカントに同意して、真なる時間的次元は実在しないと結論しなければならないことを意味しない。A-系列支持論者が提唱する、時間に関する動的な理論に対する代替案は、B-系列支持論者の静的な理論である。時間に関する静的な理論は、A-系列の性質の客観的実在性を拒否する一方、変化しないB-系列の時間的関係（より前とより後、そして同時という時間的関係）の実在性をすすんで受け入れる。静的な理論にしたがえば、ベルリンの壁の崩壊は、たとえば、二〇三二年のアメリカ大統領選挙に先立つ。これまでずっとそうだったし、これからもずっとそうだろう。出来事がもつ本当の時間的性質は変化しない。出来事は生成も消滅もせず、それらの時間的関係（B-系列に属する関係）を表示する。それゆえ、静的な理論によれば、時間の順序は存在する。しかし、動的な変化（時間の経過を伴う変化）は存在しない。静的な理論の支持者も変化の存在を信じているが、その場合の変化は、時間の経過にコミットしない形で理解されるものに限られる。静的な理論にもとづくと、変化とは、世界がある瞬間においてある無時間的なあり方をしており、それに続く瞬間において別の無時間的なあり方をしていると語ること、単にそういうものとして理解される。*

静的な理論によれば、過去、現在そして未来は、主観的なパースペクティブを表す語である。この

* ティム・モードリンはかつて、「静的」はこの理論を表現する最善の語ではないかもしれないと示唆した。時空を静的と呼ぶことは、時空が動いていないことを示す、もう一つ別の時間の次元が存在することを仄めかすからだ。重要な注意点として、この語によって意図されるのはそうしたことではない。これを念頭においたうえで、「静的」という語は、時間の経過に関する実在論的見解との期待された対比をうまく捉えていると私は思う。

理論では、時間は空間とよく似たものとして扱われる。空間的位置がそうであるように、時間的位置に関して客観的に特別なものは何もない。「今」という時間的位置は、「ここ」という空間的位置と同様、主観的な問題にすぎないのである。すべての出来事は、永久的で変化のない順序で存在する。（そういうわけで、この見解は**永久主義**とも呼ばれ、現在主義と真っ向から対立する。）この理論のメリットは、出来事が時間において順序をもつということの有意味さを保持しながら、時間を通じて変化する時間的性質という考えに潜む矛盾を回避できる点にある。

永久主義はまた、時間を通じての人の持続に関しても興味深い見解をもたらす。永久主義の見地からすれば、人は時間のどの瞬間においても余すところなく現れているわけではない。むしろ、人は四次元ワーム（four-dimensional worm）のような形で時空上に広がりをもち、その一部や時空切片のみが任意の時空点において無時間的に存在する。奇妙に聞こえるかもしれないが、よく考えてみればこのことは、動的な理論から導出可能な、時間を通じての人の同一性に関するどの説明よりも筋が通っている。動的な理論が含意するのは、時間が経過するときでさえ、われわれはどの時点においても、全体としてまるごとそこに存在するということである。これは次のことを意味する。すなわち、存在するどの人についても、現在の自己や多くの過去の自己、そして潜在的には、多くの未来の自己が存在するが、これらはすべて同一人物であって、それが自身の歴史における異なる時点に存在するということだ。どの時点のどの自己も全体としての人である。それは、別の時点に位置し相互に関係する複数の自己のどれとも異なるが、しかし、それらと同一でもある。このことは、また別の形でパルメニデスのパラドクスを生じさせる。というのも、時間の経過が実在するならば、われわれは他の時点に位置する複数の自己と同一であり、かつ同一ではないということになるように思われるからだ。(1)

時間は経過しないと考える（物理学的な）理由

静的な理論はときとして、時間に関する「無時制理論」とも呼ばれる。静的な理論によれば、（「ナポレオンは存命中だった」や「ナポレオンは亡くなった」、「こんなことが起こるだろう」、「それがまさに今起こった」といった文に現れる）時制の使用は、記憶や予期を媒介として特定の視点から活動を行うわれわれのような存在者には有益だが、実在の世界に内在する何かを捉えているわけではない。これらの時制化された言明は、特定の無時制的な瞬間において、あるパースペクティブから事物がどのように見えるかを記述するにすぎないのである。たとえば、無時制的に存在するある瞬間において、私は何らかの出来事Eを予期する。そして、無時制的に存在するその後の瞬間において、私はEを思い起こす。さらにまた、無時制的に存在する中間的な瞬間において、私はEを経験する、という風に。

現在主義を拒否する動的な理論の支持者（現在主義者のように、過去と未来の実在性を否定しようとはしない動的な理論の支持者）は、次のように主張することで応答するかもしれない。マクタガートや静的な理論の支持者は、「時制を真面目に捉えて」いないだけだ、と。形而上学に関する入門書のなかで、ジョン・キャロルとネッド・マルコジアンは次のように述べている。

A-系列支持論者がとりうる最善の戦略は、「時制を真面目に捉え」なければならないと主張することだ。大雑把に言って、このことが意味するのは、何かがφであると述べることと、何かがφだった、あるいはφだろうと述べることの間には、根本的で分析不可能な違いがあるということである。時制を真面目に捉えることはまた、命題は諸々の時点で真理値をもち、その真理値は時間を通じて変化しうるということを意味する。

それゆえ、この見解にもとづくと時制は、マクタガートが行ったような分析を端的に受けつけないような、世界に関する事実を取り出す。「ナポレオンは存命中だった」のような言明がいつ真であるかに関して、さらに問うべき問題など存在しない。時制化された言明をどう理解すべきかと尋ねたところで、このA-系列支持論者は単に回答を拒むだけだ。「かつて〜だった」や「やがて〜だろう」といった時制表現の重要な意味に関して、これ以上語るべきことは何もない。だから、真理値の特定にまつわる悪性の無限後退もはじまりようがないのである。

しかしながら、これで議論が済んだわけではない。というのも、この議論に対しては、経験科学から非常に重要な一石が投じられるからだ。運動の相対性に関するアインシュタインの十分に確証された理論によって、同時性は相対的な問題となったことを思い起こしてほしい。ある慣性系の観察者にとって同時である二つの出来事は、その観察者に対して相対運動をする別の観察者にとっては同時ではなくなる。アイザックとアルベルトのケースにおいて、われわれはすでにこのことを見た。アイザックとアルベルトはそれぞれ、各々の座標系において同時な出来事を包含する、独自の同時性の平面を有している。第三の座標系にある第三の観察者は、同時性に関してアイザックおよびアルベルトのいずれとも異なる評価を行うだろう。異なる観察者は時空上、出来事からなる宇宙を異なる仕方で表現するかもしれない。絶対運動は存在しないのだから、どの出来事が本当に同時で、どれがそうでないかを決定するような、特権的で優位な立場にある観察者などいない。このことが意味するのは、アイザックにとって「現在」である出来事の集合は、アルベルトにとって「現在」である出来事の集合とは異なるが、どちらも自分の集合を現在として同定することは等しく正当化されるということだ。しかし、このことはまた、「今」であることにすべての人が同意するような特定の瞬間（ただ一つの現在の瞬間）を同定することに関して、アイザックもアルベルトも正当化されないことを意味する。過去性や未来性についても同様である。アイザックが過去だと思う出来事は、その出来事の相対距離(2)と観察者同士の相対速度によっては、アルベルトにとって現在、あるいは未来ということさえありうる（図4－1参照）*。この問題の「真実」を決定する特権的で優位な立場が存在しないとすれば（そして、そのような立場は存在しないというのが相対論の要点である）、過去、現在そして未来といった時間的性質は実在それ自体がもつ側面ではありえない。このような時間的性質は本性上、主観的でパースペク

＊　この図は、ウィキペディア使用者 Acdx の厚意により、次のファイルを手直ししたものである。Relativity_of_Simultaneity.svg. Accessed Oct. 22, 2012, at http://en.wikipedia.org/wiki/File:Relativity_of_Simultaneity_Animation.gif.

ティブ依存的でしかないのである。
奇妙に思われるかもしれないが、相対論が正しいならば、時間に関する動的な理論は誤りであるに違いない。過去、現在そして未来の出来事はどれも、何らかの座標系から見ると現在である。過去、現在そして未来の区別が実在しないならば、時間の経過も動的な変化も存在しえない。
だとすれば、パルメニデスが正しかったということか。実際のところ、動的な変化の概念に論理的および物理的な矛盾があることは、話の半分でしかない。パルメニデスは変化の客観的実在性を否定しただけでなく、時間それ自体の存在も否定したのである。前節で見たように、客観的な時間の経過

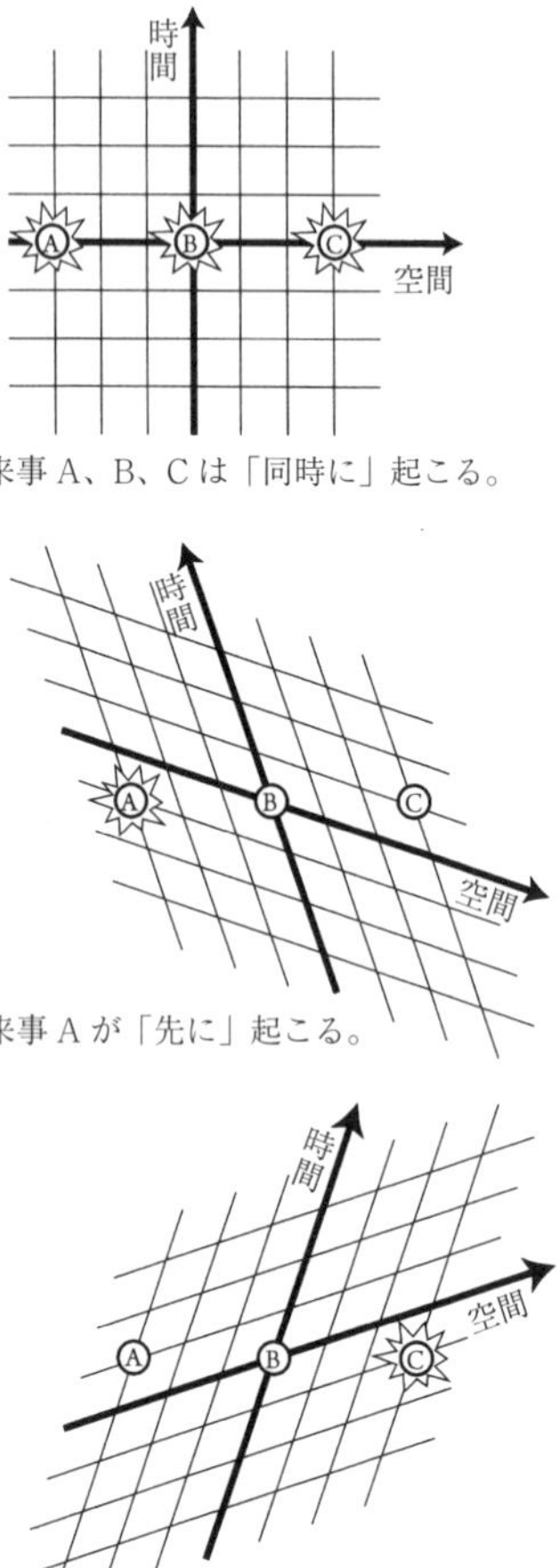

出来事A、B、Cは「同時に」起こる。

出来事Aが「先に」起こる。

出来事Cが「先に」起こる。

図4-1 知覚上の時空の方向性、そしてそれにしたがい、知覚上の出来事の順序も相対速度に依存する。これが意味するのは、どの出来事が**現在**であるかもまた、相対的な問題だということである。

の存在を否定する一方、出来事間の客観的な時間関係を保持する理論（すなわち、時間に関する静的な理論）がある。同時性の相対性は、この静的な理論も誤りであることを含意するだろうか。

静的な理論の提唱者は、B‐系列の関係は固定的で変化しないと主張する。いわば、時間的性質は「永久的」なのだ。相対論においても、特定の光円錐の内部にある出来事の時間順序に関しては、すべての座標系の観察者の意見が一致することは可能である。どの座標系の内部においても、前後関係は固定されている。だから、相対論を考慮したとしても、出来事の固定的な時間順序について語ることは許される。

時間は経過しないのに、出来事に時間順序があるような世界を、どのように表現しイメージすればよいのだろう。静的な理論の支持者は通常、時空上の変化しない出来事によって構成される世界を、**ブロック宇宙**として語る。これは、時間を通じて空間上で起こるすべてのものを描く、四次元ブロックという考えを指し示している。異なる座標系の観察者は、この四次元ブロックに関して異なる表現を生み出すだろう。言いかえれば、出来事の空間および時間上の位置は、どこか異なる形で表現されるだろう。ニュートン流のブロック宇宙では、すべての出来事は、すべての観察者にとって同じ一式のB‐系列の関係を示すことになる。ニュートンの宇宙とは対照的に、ミンコフスキー時空においてこのことは、与えられた座標系についてのみ正しい。事態を複雑にする要因は、空間的・時間的距離は相対的であるので、観察者が異なると、異なる空間的・時間的位置から発する光円錐の位置が異なるということにある。一例として、互いに急速な相対運動をする観察者、アイザックとアルベルトを取り上げよう。アイザックは、（光円錐の内部にある）出来事の系列A–B–C–Dと、（A–B–C–Dと空間的に隔たった）出来事の系列E–F–G–Hを次のように順序づける。

AとEが同時に起こり、
その後、BとFが同時に起こり、
その後、CとGが同時に起こり、
その後、DとHが同時に起こる。

しかし、アルベルトもまた同等の根拠により、これらの出来事を次のように位置づけるかもしれない。

Aが起こり、
その後、Bが起こり、
その後、CとEが同時に起こり、
その後、DとFが同時に起こり、
その後、Gが起こり、
その後、Hが起こる。

この例は、異なる座標系の観察者が、空間的に隔たった出来事の順序関係については意見を異にしながら、単に時間的に隔たった出来事の時間順序については意見を同じくする、というようなことがいかにして起こりうるかを示している。このことが含意するのは、与えられた光円錐の内部の時間関係には固定性があるということだ。（光より速いものは存在しないゆえに）因果は光円錐の内部でのみ作用することができるので、自然法則の作用に関する物理的記述の見地から考えると、前後関係は有意味かつ有益である。

何かを過去、現在または未来として指示することが有意味であるのは、特定の観察者の主観的なパースペクティブから眺めるときのみである。しかしながら、すでに見たように、因果的な関係をもちうる出来事の間には、客観的なB-系列が成り立つと述べることは相対論においても許される。まさにこのような意味で、同時性は相対的であるにもかかわらず、時間に関する静的な理論において出来事の不変的な連続性を語ることができ、それゆえ、固定的な真の前後関係の観点から記述することも可能になるのだ。

「過去」、「現在」そして「未来」という語は、これらの語を用いた信念の帰属が、人の振る舞いを説明し予測するのに利用できるという点ではたしかに有益である。だが、時空上の出来事の分布に関する客観的な科学的表象を与える際、それらの語は何の役割も果たしていないように思われる。誰かが一杯のコーヒーを飲んでいるとしよう。その人の行為に関する説明の一部には、自分のコーヒーカップはここにあるという信念を当人に帰属することが含まれる。その人が砂糖を取るために、テーブルの向こう側に手を伸ばしたとする。この行為に関する説明の一部には、砂糖はそこにあるというその人の信念が含まれる。ところで、「ここ」や「そこ」は主観的な指示表現である。というのも、誰か別の人にとっては、砂糖はここにあり、コーヒーカップはそこにあるかもしれないからだ。コーヒーカップは真にここにあるとかそこにあると言えるような、客観的な第三者の見地など存在しない。人々の主観的な信念や態度を排除してしまえば、「ここ」とまったく同じように「今」も、世界の記述のなかにそれが当てはまるような時点は存在しないのである。世界の記述のなかに「今」を含めるならば、アインシュタインの理論において絶対的同時性が放棄されたときともに棄却された、絶対的現在なるものを前提とすることになる。（さらに言えば、より完全な理論が相対性理論にとって代わることがあるとしても、この核心的要素はおそらくそのままにとどまるだろう。）過去性、現在性そして未来性の概念は論理的に不整合であると考えるマクタガートも、以上の議論に同意するだろう。結果、宇宙には、「過去、現在そして未来」の出来事すべてが含まれ、過去であろうと現在であろうと未来であろうと、いつの時点でもそれらは同等の身分をもつ。ということはつまり、過去、現在そして未来といった身分など、実際にはないということだ。すべての出来事はただそこにある。より前やより後、あるいは同時といった関係だけが成り立ち、出来事はただそこに存在するのである。*

時間が過ぎるというありふれた感覚

次のように主張する哲学者もいる。われわれは時間の経過にまつわるはっきりした感覚を有するのだから、動的な変化や時間の経過には無視できない何かがある、と。ピーター・ヴァン・インワーゲンは「時間的な動きの感覚」に言及しており、ドナルド・ウィリアムズは「ある瞬間から次の瞬間へ流れる感じ」に言及している。本当にそのような感覚があるとしたら、時間の経過が存在することを支持する、直接的な経験的証拠が与えられることになるだろう。

そんな感覚が本当に存在することを私は疑っている。しかしながら、人々がなぜこのような報告をしようとするのか、その理由は分かる気がする。われわれは普通、諸々のプロセスを原子的な単位要素の継起として知覚することはない。運動や他の連続的なプロセスの現象的経験には、一定の感覚可能な質が含まれている。この感覚可能な質は、運動やプロセスの一部が未来、現在または過去であるという信念を継起的にもつと考えることで捉えられるようなものであるとは思えない。第2章で議論したように、時計の秒針が動くのを見ることは、秒針が異なる時点で異なる位置にあるのを見たり、そうだったことを思い出したりするのと同じではない。また、メロディーに耳を傾けることは、単に異なる音色が順に生じるのを聞いたり、そうだったことを思い出したりするのと同じではない。これ

＊　時間に関する静的な理論をめぐって、哲学者の間で完全な意見の一致があると示唆するつもりはない。時間の経過はブロック宇宙の考えと両立可能だ、そう考える著名な哲学者も何人かいる。たとえば、ティム・モードリン（Maudline 2007）やマイケル・トゥーリー（Tooley 2000）を参照。しかしながら、モードリンについて言えば、時間の非対称性や向きと並んで、時間の経過について彼が本当に議論しているのかどうか、私は確信をもてない。両者は別の問題だろう（第5章を参照）。

はケリーの言う「ペース知覚」という現象だ。文字どおり時間の経過が感じられると人々が考えてしまうのは、この現象を誤って解釈した結果である、このように私は示唆したい。

ケリーの見解では、このペース知覚という現象を説明することは主として神経科学の課題であり、この点について私も同意する。どういうわけか脳は、感覚入力を「連続的で動的、しかも時間的に構造化された統一的な出来事の経験」へと変換する。このおかげで、運動や変化の知覚は静的な瞬間の蓄積としてではなく、現在進行中の連続体として経験され、その限りにおいて、われわれの経験は流れるのである。連続体の経験それ自体は、はっきりとした流れの感じというわけではない。だが、そのような感じを報告したくなる理由を説明してくれるだろう。

というわけで、私の考えは次のとおりである。いわゆる感じられた時間の経過は、ニュートンの言う絶対時間の「流れ」のような、客観的現象との対応を一切必要としない。実在する時間の流れとは結局何を意味するのか。あるいは、そのようなものが存在したとして、われわれはどうすればそれを感覚することができるのか。いずれにせよ、こういったことを理解するのは困難だろう。

この結論は、実在する時間の流れという、まさにその概念をさらに熟考することで支持される。時間の流れというイメージは、ある種の動きを含意する。出来事は過去へ、われわれ観察者は未来へ移動する。動きや変化について語られる他のどのケースにおいても、時間を通じての動きや変化が語られる。だが、時間それ自体が経過するという考えについてはどうだろう。時間は何に対して経過するというのか。時間が時間それ自身に対して経過するなどということが、一体どうして可能か。さらには、時間が経過するとすれば、それはどのような割合で経過するのか。通常、変化や運動の状態にあるものは、変化や運動の割合をもつと考えられている。こうした変化や運動の割合は、たとえば、一秒あたり、一分あたり、一時間あたりといった仕方で測定される。では、時間の経過はどのように測られるのか。「一秒につき一秒」は割合ではない。それは何の情報ももたらさないからだ。

哲学と物理学からのこうした議論にもかかわらず、動的な変化や時間の経過を放棄するという考えは、誤っているだけでなく不可能であるように思われる。その第一の理由は、過去、現在そして未来の間の違いが、人間に普遍的な根深い心理的・感情的態度にいかに植えつけられているかという点にある。たとえば、静的な理論は、かつて愛した故人が、より前の時点では「常に」存命中であることを含意する。しかし、時間に関する静的な理論が正しいことを知ったからといって、愛する故人を失ったことの苦痛は軽減されない。アルベルト・アインシュタインは、あえてこの逆を主張した。旧友ミシェル・ベッソの未亡人に宛てた手紙のなかで、アインシュタインは次のように述べた。

> ベッソは今、私より少しばかり先に、この奇妙な世を去った。だが、どうってことはない。物理学を信じるわれわれのような人間は、過去、現在そして未来の区別が、しつこくつきまとう幻覚にすぎないことを知っているのだから。

アインシュタインは、時間に関してこの見解が正しいことを、知性のうえでは理解していたかもしれない。とはいえ、友人を失ったとき、そこからどれほどの慰めを実際に得ることができただろうか。十分な慰めが得られたというのなら、アインシュタインはきっと、それができる限られた人間の一人だったに違いない。この例において、知識と感情の断絶ははっきりしている。そしてまた、過去と未来に対するわれわれの向き合い方には、根本的な非対称性がある。われわれは過去の出来事を懐かしく思い起こし（あるいは後悔し）、首を長くして未来の出来事を待ち望む（あるいは恐れる）。さらには、こうした態度を表す諸表現を、「無時制的な」B-系列の語りに翻訳することはできないように思われる。ニュージーランドの重要な論理学者、アーサー・プライアーはこの点を指摘して、次のように述べている。

人はときに、「ああ、終わってよかった」というような発言をする。このような発言において、日付などなくても、その意味は十分明らかである。そればかりでなく、日付のある無時制的な繫辞をどう使っても伝えることのできない何かが、この発言によって述べられている。それが意味するのはあきらかに、たとえば、「ああ、あれの終わった日が一九五四年六月一五日金曜日でよかった」と同じではない。仮に先の発言がまさにその日に発話されたとしても、それと同じことを意味してはいない。（ついでに言えば、「ああ、あれの終わりがこの発話と同時でよかった」を意味しているわけでもない。誰がなぜそんなことをありがたく思う必要があるのか。）

過去、現在そして未来の区別を含んだ言明が、変化する時間規定を含まない表現によって言いかえられるとか、実際に言いかえられるはずだと提案することはばかげているように思われる。仮にそのような言いかえが可能なら、われわれがもつ安堵感や後悔、恐れ、希望といった感情は、まったくの見当違いであることも認めざるをえないだろう。カート・ヴォネガットの『スローターハウス5』において、その主人公は自らの生涯を無時間的に経験するようになる。生涯に起こるすべての出来事は、生成も消滅もなく、ただそこにあると認識しはじめるのだ。これにより実際、人生の前半において逃した諸々の好機について考えるときにも、存在の（無時間的な）末端にある自らの死について考えるときにも、主人公に心の平安が植えつけられる。だがしかし、人生はこのようなものではない。われわれは現実には、この小説の主人公のような経験はしない。だから、過去と未来の出来事に対して異なる態度をとることは、避けられないことであるように思われる。

したがって、変化の実在性を否定するならば、完全に正常と思われるはずの感情的態度の正当性まで否定することになる。ここからさらに、変化の否定は文字どおり不整合であると論じるものもいる。イスラエルの哲学者ユバル・ドレブが論じるところ、われわれの態度や感情は、「過去」、「現在」そして「未来」の意味を決定するうえで不可欠であり、それゆえ、過去や現在、あるいは未来の状況に対する態度が合理的かどうか、また適切かどうかと問うことは不整合である。ドレブによれば、たとえば、未来とはまさに、われわれが予期するという態度を向ける何かに他ならない。だとすれば、静的な理論の支持者が主張するかもしれないように、予期が誤った考えであるということはありえない。

オランダの哲学者P・J・ズワルトは、時間の経過の実在性を問うことさえも自己論駁的だと主張する。その問い自体、時間を離れずに、どうやって表現できるというのか、彼はそう疑問を投げかける。どんな問いであれ、その発端から結論にいたるまでの時間の経過を前提とせずに、有意味なものとして提起し理解することなどできるだろうか。

マイケル・ダメットは次のように指摘する。動的な変化を否定したい場合にもやはり、変化の幻覚がなぜ生じるかを説明する必要はある、と。出来事が未来、現在または過去のどれとして知覚されるかに応じて、われわれの態度は変化する。そういう形で変化の幻覚は生じる。だが、幻覚にとらわれた犠牲者の側の理解が変化することに言及する以外に、変化の幻覚をどのように説明することが可能だろうか。こうしてまた、変化の問題に立ち戻る。変化の幻覚を説明するには、理解の変化に言及せざるをえないとすれば、変化を無視してもよいことにはならない。

すでに見たように、静的な理論の文脈においては、変化それ自体が弱い意味を帯びている。静的な理論のブロック宇宙において、変化が意味するのは単に、世界がある瞬間においてある状態にあり、後の瞬間において別の状態にあるということだ。これはたしかに、変化についての日常的な考え方ではない。変化についての日常的な考え方には、新たな出来事や事態の絶対的な生成と、古い出来事や事態の経過が含まれている。時間が過ぎ去らないとすれば、そもそも何かが起こるということがどうして可能か。B-系列支持論者が変化と呼ぶものは、時間的なバリエーションというよりはむしろ、空間的なバリエーション（つまり、空間的位置の変化）だとマクタガートは考えた。パルメニデスとともに、変化は実在しないとマクガタートが結論せざるをえなかった理由の一部はここにある。

静的な理論を受け入れることはまた、因果や自然法則、そして科学的説明についての考え方を再評価しなければならないことを意味する。原因は結果を「引き起こし」、結果は原因に「続く」というのが通常の考えである。自然法則について検討してみよう。たとえば、ニュートンの運動の第三法則がある。それによれば、「すべての作用に対して、逆向きの等しい反作用が存在する」。動的な変化と時間の経過がないならば、残るのはただ、原因と結果と呼ばれるものの間の、永久的で静的な前後の関係性だけである。ニュートンの法則における「反作用」という語は、作用が及ぶとそれに続いて直ちに反作用が生み出されるというような、動的な変化を含意するように思われる。ところが、静的な理論にもとづくと、結果はその原因よりも後にただ無時間的に存在する。だとすれば、因果や「引き起こす」という観点から見たとき、一体どのように考えればよいのか。作用（A）といわゆるその反作用（B）は無時間的にただそこにあり、互いに隣接して存在している。それとよく似た作用と反作用が、変化のない時間軸上の別の場所に隣り合っているのがたしかに見出される。その点では、AとBには統計上の強い相関があるかもしれない。しかし、そうした隣接による関連性の他に、これらの出来事の間にどのような結びつきがあるというのだろう。Bが現れるにはAがより前に現れていなければならないと述べたとしても、AがBを引き起こしたというのでない限り、BがなぜAを必要とするのかという新たな問いが生じるだけである。静的な理論にもとづくと、AとBの因果的結合という実在的な結びつきはミステリアスなだけでなく、不整合であるように思われる。

科学的探究とは何か。その大部分は、関心の対象となる諸現象を支配する、自然法則を発見しようとする試みに存する。そして、科学的説明は、これらの現象の説明を与える際、こうした自然法則に言及するのである。単純な自然法則は、「Pタイプの出来事の後には常にQタイプの出来事が続く」というような形式をとるかもしれない。このとき、Qタイプの出来事がなぜ起こったかは、Pタイプの出来事が先行して生じたことに加えて、前者が常に後者に続いて必ず起こるという趣旨の規則に言及することにより説明される。問題は次の点にある。すなわち、この形式の言明が法則としての資格を得るには、「Pタイプの出来事が原因となって、Qタイプの出来事が生じた」というような事柄が、また同時に信じられていなければならないということである。これこそが、法則と偶然の一致の違いなのだ。しかし、静的な理論ではせいぜい、Pタイプの出来事が（無時間的に）存在し、より後のQタイプの出来事と統計上有意な相関関係にあるとしか言えない。出来事が他の出来事によって引き起こされるという考えは、静的な世界観のなかに居場所をもたないように思われる。したがって、自然な因果法則という概念についても、そこに居場所はないように思われる。

科学的説明の核心部分には、原因と因果法則の概念が含まれている。事物についての静的な見解を真面目に受けとる限り（そうするべきであるように思われる）、われわれの説明において因果的に結びつく諸々の出来事は実のところ、ただ無時間的に存在し、互いに統計上関連するにすぎない。単に潜在的な未来の出来事を引き起こす現在の出来事という概念がないとすれば、法則を根本的なものとして理解しようという主張の根拠を与えるのに十分なほどの、堅牢な因果の概念を手にしたと言えるだろうか。因果が実在しないとすれば、自然法則も実在しないように思われる。* 世のなかの諸現象を説明しようとする試みは単に、出来事の不可解な相関を記述するだけのものになってしまう。静的な理論はこうして、実在が不可知であることを含意する。

因果と自然法則に関する静的な理論の奇妙な含意は、それらと密接な関係にある確率の問題にも反映されている。未来は因果だけでなく確率にも支配されている、通常そう考えられている。ある一定の確率で、明日雨が降るだろう。またある一定の確率で、ダラス・カウボーイズが来年のスーパーボールで勝利をおさめるだろう。だが、もし静的な理論が正しいとすれば、これらの出来事（明日雨が降るか否か、ダラス・カウボーイズがスーパーボールで勝利をおさめるか否か、これらいずれかの出来事）は、無時間的に存在している。明日（無時間的に）雨が降るか、明日（無時間的に）雨が降らないかのいずれかである。アインシュタインが示したように、誰かが「明日」と呼ぶものは、別の座標系では今日

＊　ヒュームにとってもカントにとっても、こうした結果は静的な理論の欠陥というよりもむしろ、この理論の特徴と捉えられるだろう。周知のとおり、ヒュームは、出来事の因果的結びつきなるものは実際には、それらの出来事についてわれわれが経験するものではないと述べた。因果的結びつきの存在をわれわれが信じてしまうのは、あるタイプの出来事がともに生じることに慣れてしまったわれわれがもつ期待感のせいである、ヒュームはそう考えた。因果的結びつきが実在するかどうかの判断が、経験において見出されるものより勝るのだ。また、観念論者であるカントは次のように考えた。すなわち、因果は根本的には、経験という生データをわれわれがどう組織化するかに関わる問題であって、因果の概念は世界それ自体ではなく、人間の観点から捉えられた世界に対してのみ当てはまる、と。

であることを思い起こそう。出来事が単に潜在的に存在するとか、まだ決定されていないといったことは問題にならない。すべてのものはあらゆる時点で、ただあるがままに存在する。したがって、未来の出来事なるものの確率についてどのような判断をしようとも、それは無時間的な実在に対するわれわれの限定されたパースペクティブに関する言明にすぎないのである。

静的な理論が直観に反することは間違いない。われわれの世界の捉え方には、変化や時間の経過、予期、後悔、因果そして確率といったものが、切っても切れない形で含まれている。だが、変化に対するこの根強いコミットメントは、パルメニデスの時代から誤りや混乱であると言われてきた。現代の哲学的時間論において、次のことは中心をなす課題である。すなわち、〔一方では〕経験において時間の経過が消去不可能であるように思われること（現れとしての時間）、そして、〔他方では〕論理や物理学において冷血で厳しい諸々の結論が得られること（科学的な時間）、この対立をどのように調停するべきかという課題だ。次節で見るように、この調停に向けてまだなすべき仕事はあるが、最終解決の概略は素描できるかもしれない。われわれがどうして時間の経過にコミットしてしまうかを理解するにあたり、カントとダーウィンの考えが同じくらい有益であることが分かるだろう。

適応上の心理的投影としての時間の経過

私が提案したいと思う解決策*は、A-系列の変化や時間の経過は単なる**心理的投影**にすぎず、その意味においてわれわれの心に依存するというものだ。しかしながら、世界の整合的な表象にとって概念的に不可欠なものであるから、投影とはいっても特別な種類の投影である。世界のある表象の仕方が不可欠であるということは、それがなければ世界を本当に思考可能な仕方で記述することはできないということだ。このことから、時間の経過は単に主観的な現象であるという、科学と論理における結論と矛盾することなく、時間の経過を世界の記述に含める権利をわれわれは得ることができる。私はこのように示唆しようと思う。

「心理的投影」とは、概ね次のような現象を意味する。すなわち、内的な主観的感じもしくは感覚が、世界の客観的な特徴として表象されるというような現象である。もっと広く言えば、何らかの事態の成立にある人が同意するとき、そのコミットメントが、本当に世界がそのとおりのあり方をしていることによってではなく、その人自身に関する心理的事実によって説明されるような現象である。投影の事例として、たとえば、緑の傘や青空といった身の回りの事物に対して、われわれが色性質を日常的に帰属するケースが挙げられる。「緑性」は実際には傘がもつ性質ではない。そうではなく、傘はある一定の波長で光を反射し、その光の波長に対して、ある特定の反応をするようにわれわれの脳はできているのだ。緑性は感じなのであって、事物がもつ性質ではない。「うるさい」や「柔らかい」といった、形容詞の使用についても同じである。うるさく聞こえたり、柔らかい感じをもたらしたりするものもあるが、厳密に言えば、何かが実際に、文字どおりうるさいとか柔らかいと考えるこ

＊　本節での議論の材料のいくつかは、拙論（Bardon 2010）から取り出されたものだ。

とは意味をなさない。現代の哲学用語では、緑性やうるささ、柔らかさといった性質は「二次性質」と呼ばれる。こうした性質は身の回りの事物がもつ本当の性質ではないが、単なる幻覚や間違いというわけでもない。それらは、実在する何かに対するありきたりな反応である。これらの反応の原因となる事物に対して、二次性質を帰属することは投影の例であり、こうしたケースでは、われわれの心に依存した感覚反応が、理解可能ではあるが必ずしも正しいとは言えない仕方で、心とは独立の事物に帰属されるのである。すでに見たように、動的な変化は実際には、われわれの身の回りの出来事がもつ性質ではないことを示す論拠はたくさんある。われわれはなぜこうも、身の回りの事物が動的に変化しているように表象してしまうかを説明するにあたり、感覚的な二次性質の投影との比較が役に立つのではないだろうか。

哲学者リチャード・ゲイルは否定的だ。というのも、A-系列の時間規定は、色や音のように感覚可能な質ではないからである。たしかにそうだ。しかし、ロビン・レ・ペドヴィンは次のように応答する。時間の経過の知覚は、別種の投影になぞらえるとうまくいくかもしれない。たとえば、美徳や悪徳などの感覚可能ではない質の投影である。美徳と呼ばれるものに対応する、自然科学で記述可能な特性など実在しない。自分や他者にとって喜ばしい結果に結びつくような行動パターンを見たときに生じる、共感の感情が存在するだけなのだ。このように、人に対して美徳を一つの特性として帰属することは、先に述べたより広い意味での心理的投影の一例である。D・H・メラーもまた、時間の経過の経験は投影の一種であるという考えを支持している。彼の説明にもとづくと、何らかの出来事が現在であること（あるいは、過去であることや未来であること）についてわれわれは、異なる時点において異なる信念をもつことを経験する。出来事のA－系列の時間規定が客観的に変化しているかのように表象してしまうのは、これらの信念が時間を通じて異なるからにすぎない。言いかえれば、自分の信念が異なることが、客観的な変化の帰属という形で世界に投影されるのである。

メラーの説明は、客観的な変化が存在するという信念は完全な幻覚であり、誤りであるというシンプルな結論とも矛盾しない。とはいえ、直観的にはこれは受け入れがたい。哲学や物理学が何と言おうと、変化や時間の経過という考えには、何らかの重要性があるという根深い信念をもたない人を見つけるのは、（哲学者や物理学者でさえ）かなり難しいだろう。しかし、この難問に対するヒントを、カントのなかに見出すことができる。第２章のなかでわれわれは、どんな整合的な経験においても、時間的継起の概念が前提とされるというカントの議論を見た。彼の重要な洞察は次の点にある。すなわち、そもそも自分自身の経験を有意味に理解するには、それに対して時間構造を与えなくてはならないということである。カントはまず、われわれは時間順序を直接は知覚しないという主張から出発する。また、同じく時間の観念論者であるアウグスティヌスも強調するように、どの瞬間においても、われわれが経験するのは現在の知覚か、あるいは現在における何らかの想起にすぎない。そして、すでに論じたことだが、過去と現在の違いを理解しない限り、想起は何の意味もなさない。整合的な経験は、世界を時間的に組織化する生得的な能力を要求するのであり、時間というまさにその概念は元来、経験から引き出されたもの（つまり、世界のなかに見出されるもの）ではないのだ。

時間的継起による経験の組織化についてカントが語るとき、彼はA-系列の性質の変化を意図してはいない。静的なB-系列の観点からとはいえ、時間に関する静的な理論でも継起の概念は可能である。この区別は、カントにとって主要な関心ではない。しかしながら、彼の理論において、人間の認知の必要条件にはとりわけ、動的な変化と時間の経過の観点からの概念化が関わっていることが示唆される。それは二つの点においてである。

第一に、複雑な表象には通常、時間を通じてその表象を組み立てるプロセスが伴う。このプロセスにとって、表象の漸進的構成の感覚が不可欠である。『純粋理性批判』のなかでカントは次のように述べている。

もしもわたしたちがこの瞬間に考えているものが、一瞬だけ前の瞬間に考えていたものとまったく同じであるという意識がなければ、〔心に思い描いた〕像の系列のうちで、像を再生しても意味のないことだろう。というのは、〔こうした意識がないとしたら〕わたしがいま思考したものは、現在という瞬間に思い描かれた新しい像であって、像の系列のうちでさまざまな像を次々と生み出してきたはずの働きに、まったく属さないことになり、その場合には〔それまでの像の系列と新しい像で構成される〕多様なものが、一つの全体を作りだすことはなくなるからである。……わたしたちが数を数える場合に、いまの瞬間にわたしの意識の前にある数が、これまでわたしが順に一つずつ数をつけ加えることで生みだしてきたものであることを忘れるならば、わたしは一に一を加える作業をつづ

けることで大きな数を生みだしてきたことを、したがって数そのものを認識することはできないだろう。(3)

たとえば、数をかぞえるというような活動が何か意味をなすのは、その活動が現在進行中のプロセスの一部として表象される限りにおいてである。ここで、そのプロセスのどの部分が過去であるかは、現在の段階がどのような意味をもつかにとって重要である。この数をかぞえるという活動は、カントにとって、本質的に完成途中の思考や経験から、整合的な経験を生み出すことの代表例なのである。

第二に、第2章でも論じたように、経験は前もって時間的に分類されてはいないが、時間的な分類を行う基本規則は生得的だとカントは主張した。さらに彼は、われわれ自身の経験が時間的な意味をもつのは、それらが自分たちの外部にあるものや出来事に関係づけられることによってであると論じた。これを行うには、未来、現在そして過去の違いを本能的に理解していなければならない。というのも（ここが重要なポイントなのだが）、どの瞬間であれそのとき知覚できるものに関して、自分たちが空間的および時間的な制限を受けると考えない限り、われわれは自らの経験を分類することに着手することさえできないからである。想起する際、私は原因と結果の両方を思い起こす。結果の経験は原因より前だったのか、その後だったのか。空間および時間の観点からどのような事物なら知覚することができるかにもとづき、われわれは本能的に、知覚に対する制限を経験する存在として自らを表象する。言いかえれば、われわれは自動的に、「今ここ」に制限されたものとして自分たちの経験を組織化するのである。他方、未来の出来事や遠くの出来事は、外的条件と自らの空間的・時間的位置に関して、それを経験できる状況になるまではアクセスできない。このような制限を前提としない限り、与えられた知覚の集まりをどのように組織化するかを制約するものは何もないことになってしまう。それゆえ、知覚されるものとされないものの違いをもたらす、空間的・時間的条件をある一定のレベルで把握することは、整合的な経験が成り立つのに必要不可欠なのである。ケニアの哲学者クアシン・カッサムも次のように述べている。

> 知覚されずに存在することも可能な何かを知覚するという考えを理解するには、知覚には一定の時間的・空間的な可能条件があると思わなくてはならない。すなわち、あるものを知覚するには、その対象に対して自分が、空間的かつ時間的に適切な位置にいなければならないというような条件である。〔この前提により〕知覚可能な対象が現実には知覚されないという事実も、知覚の時間的・空間的な可能条件がその対象に関しては満たされていないという可能性に訴えることで説明できるようになる。

ここで言われているのは単に、無時間的にある瞬間においてある場所に位置し、別の瞬間において別の場所に位置するものとして自分自身を表象するといったことではない。別の言い方をすれば、時間に関する静的な理論は、認識以前の組織化原理としては不十分なのである。この図式にはむしろ、時間（および空間）における動的な位置変化への言及が本質的に含まれている。そして、その変化によって、それまではアクセスできなかった対象や出来事が徐々に姿を現すことが説明されるのである。したがって、この説明図式には、明確に動的な理論の観点から描かれる変化の表象が含まれている。対象と出来事からなる世界に関わる諸規則の観点から組織化されてはじめて、経験は可能になるというカントの主張はそれゆえ、次のことを含意する。すなわち、自らの経験が、自分の身の回りの環境と空間的・時間的位置の動的な変化に由来することを、われわれは生得的に前提とせざるをえないということだ。要するに、この先さらなる経験が潜在的にひかえるなかで現在の経験がある、われわれはそういう風に考えることから出発せざるをえないのである。さもなければ、われわれは自らの経験を整合的に統合し、使用に適した形でそれらを分類することに着手することすらできないだろう。*

だからといって、動的な変化が本当に起こっていることを意味するわけではない。変化は、われわれの基本的な概念図式の不可欠な部分であることを意味するだけである。それは、整合的な経験を可

＊　この理論においては、整合的な経験の条件として、経験を解釈する際に動的な変化を前提とすることが提案されている。だが、この結論はまだ暫定的でしかない。というのも（第2章で議論したように）、経験的探究を通じて、たとえば、次のようなことが明らかになるかもしれないからだ。経験における継起の概念は、単一の時間的広がりをもつ意識作用（すなわち、知覚の「現象学的現在」）のなかで、変化が直接経験されることに、その起源が見出されるかもしれない。つまり、カントの言うアプリオリな推論は、経験的探究のためのもっともらしい仮説の一つを提供するにすぎない、私はそのように考えている。

能にするのに必要な、概念上の前提条件なのだ。美徳と悪徳のケースと同じく、変化を世界のなかの出来事に帰属するのは一種の投影である。もっとも、この場合、世界をそのように表象することは、そもそも世界の整合的な表象を得るうえで必要不可欠ではあるが。このことが意味するのは単に、世界が「本当は」どのようなものであろうと、われわれはどうしても動的な変化の観点からそれについて考えざるをえないということにすぎない。動的な変化のない世界を想像しようと試みた（そして失敗した）ことのある人なら、これはさして驚くに値しない。

世界のこのような表象の仕方が概念上不可欠であることは、それが適応に有利であることによって容易に説明がつく。世界をこのような仕方で概念化できる能力をもつにもかかわらず、そうした概念化を行わない生物種が見つかるとすれば、それは驚くべきことだろう。というのも、諸々の信念にもとづき、然るべきときに然るべき行動をとることによって行為するどんな存在も、「今こそ食べるときだ・寝るときだ・歯向かうときだ・逃げるときだ」といった信念をもたなければ生存することはできないからである。

進化生物学の視点から時間意識について考察を行っているニュージーランドの哲学者、ジェームズ・マクローリンとヘザー・ダイクは、不安や安堵といった「時制化された感情」は進化による適応、あるいはその副産物であると論じた。彼らの説明によれば、プライアーが引用したような安堵の感じが人間の感情状態の一つとして存在するのは、「自分たちの時間的パースペクティブから見て、恐ろしい経験が過去になった瞬間、そのときにはもはや、われわれはそれを避けようとして大量のアドレナリンを使う必要はない」からである。そして、「この落差こそ、われわれが安堵と解釈するものなのだ」。意識をもつ生物は、前もって計画を立て、一定の時間にわたるプロジェクトに従事するその能力から、大きな利益を得ている。目標を意識的に追跡するには、思慮深い計画が必要である。また、後の目標に狙いを定めたプロジェクトの計画と実行に関与する行為主体にとって、欲求、期待、そして不安といった未来向きの感情はなくてはならない。（静的な理論が主張するように）すべての出来事が等しく実在するということは、われわれがそれらについて考えるときは常に、そのすべてに対して同じ感情的反応を向けることがふさわしいことを意味するわけではない。将来の生存率を高めるには、任意の与えられた時点において、諸々の出来事が自分たちとどのような因果関係にあるかにしたがい、それらに対して異なる反応をすることが不可欠である。そして、それは当然、われわれの感情に反映されると考えられる。

　さてここまでくれば、時間に関する静的な理論の文脈でも、プライアーが言及した、「ああ、終わってよかった」というような態度がなぜ現れるかを理解することができる。実際に起こっているのは次のことにすぎない。午後二時一五分、私は直前に迫った抜歯手術を不安に感じている。午後二時三〇分、抜歯が行われている最中、私はその痛みに苦しみを感じている。午後二時四五分、この経験が終わったことに安堵を感じる。これがすべてである。この説明には時間に依存した一連の適切な感情状態が含まれているが、それらの時点の一つが実際に今であって、残りは過去か未来であるなどと考える必要はない。絶対的な今など存在しなくても、何が「現在」起こっているか、そして、過去や未来がどうなっているかに関して、私は任意の時点で信念をもつことができる。事実、私がそのような信念を必要とするのは行動するためである。そして、行動するために特定の信念を必要とすることは、それに対応する世界の表象が、実在の正確な写しになっていることとイコールではない。今がいつであるかは重要だ。しかし、それは私にとって、あるいは、今の私にとって重要であるということにすぎず、宇宙的なパースペクティブから見れば、そんなことはまったく問題ではない。(一九五四年六月一五日金曜日に発話された)「ああ、終わってよかった」は、「ああ、あのことの終わった日が一九五四年六月一五日金曜日であってよかった」へと単純には翻訳できないという、プライアーの指摘は正しい。これらの意味することはたしかに異なる。だが、前者の発言が変化に関する何かを伝えているのは、われわれがそれをどうしても概念化してしまう存在である限りにおいてである。

時間の経過が概念上不可欠であることをこのように理解するならば、時間に関する動的な理論に対する、先の論理および科学にもとづく反論を受け入れるべきか否かという問題の解決は容易になるだろうか。これこそが問題である。変化は概念上不可欠だが、実在しないように思われるという考えは、われわれを奇妙な立場に追いやる。一方では、論理と科学において、動的な変化が存在する余地は残されていないように思われる。他方、変化が概念上不可欠であることが意味するのは、われわれは文字どおり、それなしには世界について考えることができないということだろう。ここで、次のような議論があっても不思議ではない。二枚舌を使わない限り、変化は実在しないが、変化のない世界を考えられないなどと主張することはできない、と。つまり、変化が実在しないと言うのなら、変化のない世界を考えていることになるのではないか。こうしてわれわれは、前章の末部で提起された問題に差し戻される。それは、実在を捉えることと対比される、科学の目的に関する問いである。この難問を解決する試みとして二つの可能性がある。第一の可能性は、われわれには実在それ自体を理解する能力はなく、それゆえ、正しい予測を与えるものの、実在の表象としては無意味な数学的モデルを立てる以外に、事物の真の本性に迫ることは決してできないと結論することである。また第二の可能性は、（変化を含む）「われわれが知るところ」の世界を実在のレベルにまで昇格させ、科学の役割はただ、われわれの世界の表象の仕方を記述することだと考えることである。どちらのアプローチにも欠点はある。第一のアプローチにもとづくと、われわれの世界の理解と事物の真の本性の間には、常にギャップが存在することを認めることになる。だが、第二のアプローチの方がよりひどい。それにもとづくと、事物のあり方とその見え方の区別は軽んじられてしまう。そんなことになれば、探究の目的（すなわち、真理を見出すこと）が愚弄されるように思われるだろう。

これでは、病を癒すために患者を殺すようなものだ。〔代案にもならない。〕それゆえ、われわれの時間知覚をいかにして時間に関する論理と科学に調和させるかという問題に対して、次の結論を受け入れなければならない。すなわち、経験と実在が最終的に統合されることはないだろうということである。論理と科学は、実在の一つの側面をわれわれに示してくれるだろう。われわれの知覚能力や認知能力が、それに反することを主張する（そして、主張せざるをえない）としても。

訳者注

（1） ここでは、永久主義と持続の理論の組み合わせが議論されている。第1章の訳註(2)でも触れたが、持続に関しては大きく二つの考え方がある。「耐続説」によれば、ものはそれが存在するすべての時点において余すところなく（同一のものとして）現れる。他方、「延続説」によれば、ものは異なる時点において異なる時間的部分をもつことによって持続する。筆者が論じるところ、耐続説よりも延続説の方が理にかなっており、時間に関する動的な理論は前者を支持するのに対して、永久主義は後者を支持する。ただし、耐続説と延続説の対立については目下係争中の問題であり、訳者が知る限り、どちらか一方に軍配があがったわけではない。また、永久主義者は一般に延続説を好む傾向にあるとはいえ、永久主義と耐続説を組み合わせるD・H・メラーのような例外もある。Mellor, D. H. *Real Time II* (London: Routledge, 1998) を参照。いずれにせよ、ここでは大まかな枠組みが理解されれば十分である。

（2） 単に空間的距離あるいは空間的間隔のこと。相対論において、空間（および時間）は座標系に相対的であることを意図している。ちなみに、第3章で見たように、時空間隔は座標系によらず一定であるので注意。

（3） 日本語訳については、中山元訳『純粋理性批判2』（光文社、二〇一〇年、補遺・㈢ 概念による再認の統合について・継続したものの統一性、一九五―一九六頁）を参照。

引用文献

Bardon, Adrian. "Time-Awareness and Projection in Mellor and Kant," *Kant-Studien* 101 (2010), 59-74.
Carroll, John W., and Markosian, Ned. *An Introduction to Metaphysics* (Cambridge, UK: Cambridge University Press, 2010).

Cassam, Quassim. *Self and World* (Oxford, UK : Oxford University Press, 1999).
Dolev, Yuval. *Time and Realism* (Cambridge, MA : The MIT Press, 2007).
Dummett, Michael. "A Defense of McTaggart's Proof of the Unreality of Time," *Philosophical Review* 69 (1960), 497–504.（「マクタガートの時間の非実在性証明を擁護して」M・ダメット『真理という謎』収録、藤田晋吾訳、勁草書房、一九八六年、三七〇-三八一頁）
Gale, Richard. *The Language of Time* (New York : Routledge, 1968).
Kant, Immanuel. *Critique of Pure Reason* (1787).（I・カント『純粋理性批判』中山元訳、光文社、二〇一〇-二〇一二年）
Kelly, Sean. "The Puzzle of Temporal Experience," in *Cognition and the Brain*, ed. by Andy Brook and Kathleen Akins (Cambridge, UK : Cambridge University Press, 2005).
Le Poidevin, Robin. *The images of Time* (Oxford, UK : Oxford University Press, 2007).
Maclaurin, James, and Dyke, Heather. "Thank Goodness That's Over : The Evolutionary Story," *Ratio* 15 (2002), 276–292.
Maudlin, Tim. *The Metaphysics within Physics* (Oxford, UK : Oxford University Press, 2007).
McTaggart, J. M. E. "The Unreality of Time," *Mind* 17 (1908), 457–474.（ジョン・エリス・マクタガート『時間の非実在性』収録、永井均訳、講談社学術文庫、二〇一七年、一五-五八頁）
Mellor, D. H. *Real Time II* (New York : Routledge, 1998).
Prior, A. N. *Paper on Time and Tense* (Oxford, UK : Oxford University Press, 2003).
Tooley, Michael. *Time, Tense, and Causation* (Oxford, UK : Oxford University Press, 2000).
Van Inwagen, Peter. *Metaphysics* (Boulder, CO : Westview Press, 2002).

Vonnegut, Kurt. *Slaughterhouse Five* (New York: Dell, 1991).（カート・ヴォネガット・ジュニア『スローターハウス5』伊藤典夫訳、ハヤカワ文庫、一九七八年）
Williams, Donald. *Principles of Empirical Realism* (Springfield, IL: C. C. Thomas, 1965).
Zwart, P. J. *About Time* (Amsterdam: North-Holland, 1975).

本章の諸問題に関連する他の文献

Callender, Craig. *Introducing Time* (New York: Totem Books, 1997).
Dainton, Barry. *Time and Space* (Montreal: McGill-Queen's University Press, 2002).
Huggett, Nick. *Everywhere and Everywhen: Adventures in Physics and Philosophy* (Oxford, UK: Oxford University Press, 2010).
Hume, David. *An Enquiry Concerning Human Understanding* (1748).（D・ヒューム『人間知性研究』斎藤繁雄・一ノ瀬正樹訳、法政大学出版局、二〇一一年）
Kail, Peter. *Projection and Realism in Hume's Philosophy* (Oxford, UK: Oxford Univerisity Press, 2007).
Meyer, Ulrich. *The Nature of Time* (Oxford, UK: Oxford University Press, 2013).
Prosser, Simon. "Could We Experience the Passage of Time?" *Ratio* 20 (2007), 75-90.
Turetzky, Philip. *Time* (New York: Routledge, 1998).

第5章　時間の矢

時間に関する動的な理論が誤りだとすれば、未来はやってくるものではなく、現在は過ぎゆくものではない。また、過去も過ぎ去ったものではない。だがそうすると、時間に向きがあるように思われるのはどうしてか。より前（時間的な後方）とより後（時間的な前方）に違いがあるように思われるのはどうしてか。より前とより後の違いもまた、主観的な問題にすぎないと言えるだろうか。

時間の向き

察しのよい読者なら、A-系列の時間的性質（過去、現在、そして未来）を却下した途端、B-系列の時間的関係（より前とより後）に関しても大きな問題が生じることに気づくだろう。変化についてのわれわれの直観的な見方が、時間に関する静的な理論の範囲内で、どのように理解可能であるかはすでに議論したとおりだ。静的な理論は、宇宙をブロックのように表象することをすすんで受け入れる。その表象にしたがえば、すべての時点（や出来事）は等しく実在する。静的な理論はしかし、「より前」や「より後」といった関係的な時間的性質を受け入れることで、出来事からなるブロック宇宙に対して方向を有した順序を付加する。動的な理論を却下することは、動きや経過といった意味での、時間の「流れ」を否定することを意味する。とはいえ、静的な理論にもとづく場合でさえ、出来事はより前からより後へと順序づけられなくてはならない。「より前」と「より後」という関係の、まさにその本性や意味のうちには、時間的な向きもしくは時間の非対称性の概念が含まれている。過去、現在そして未来〔という区別〕の実在性を信じるならば、この非対称性を説明することは容易である。たとえば、出来事Aが出来事Bより前であるのは、出来事Aが出来事Bの過去にあるときだ、そのように説明することができる。だが、すでに見たように、過去、現在そして未来というような、内在的な時間的性質という考えを却下する十分な理由がある。過去と未来の違いに依拠しないとすれば、より前からより後への出来事の一方向的な順序はどのように説明されるのだろうか。時間の経過の実在性だけでなく、時間それ自体の実在性をマクタガートが疑うことになったのも、この問題のためである。[1] 前後関係が含意するこの一方向性もまた幻覚や投影なのだろうか。それとも、時間に向きがあるように見えることは実際、何らかの事実に対応するのだろうか。

心理的な矢

心理的な矢はまさに、われわれが過去を想起し（ながら、それを予期することは決してなく）、そして未来を予期する（が、それを想起することは決してない）という事実に言及する。この事実によって説明されるのは、以前に議論したような、悲痛な後悔や強い期待といった、非対称な特徴をもつ時間的な感情をわれわれがどうして獲得するにいたったかである。われわれは自らが予期するもの「に向かって前を見る」。そしてまた、自らが想起するもの「を振り返って後ろを見る」。われわれは過去に関する諸々の事柄を知るが、未来に関しては知らない。われわれは未来に影響を及ぼしうる一方、過去は変えられないと感じる。われわれの生活上の心理的な態度決定と、時間の向きの間には完全な相関がある。とはいえ、時間の向きそれ自体は、こうした心理的な非対称性では説明されない。仮に説明されるとしたら、時間が順序をもつことの原因はわれわれの心だということになる。要するに、より前とより後の違いは完全に人間的な現象になってしまう。それだけではない。より前とより後の違いが、個々人の記憶の内容に分類されるような事柄に依存することにもなるだろう。あきらかに、出来事の順序こそが心理的な順序を説明するのであり、その逆ではない。時間が向きをもつことは実在的な現象だと主張したいならば、その説明はどこか別の場所に求める必要がある。

熱力学的な矢

熱力学的な矢は、諸々のシステムが全体として整理された状態から、全体として雑然とした状態に向かう傾向をもつことに言及する。統計力学においてこれはまた、あるシステムがエントロピーの高い状態へ移行することとして言及される。他の種類のエネルギーと同じく、熱は分散する傾向をもつ。それはちょうど、水に落とした一滴のインクが分散するのと似ている。オムレツが卵になったりはしないし、火から生じた煙と灰、そして熱が再び自ら寄り集まって材木になったりもしない。どうしてか。その理由は、あるシステムが整理されている状態よりも、雑然とした状態になる方が数としては非常に多いからである。一滴のインクは一箇所に集中する状態よりも、まんべんなく水に拡散する状態になる方が数としては多い。（水中のインクの分布状態は、どれも同じように確率は低い。だが、これら確率の低い分布状態のほとんどが、インクの拡散した状態なのである。）単純な確率を考えるだけで次のことが分かる。すなわち、整理された状態を作り出したり維持したりすることにエネルギーを費やさない限り、時間を通じて見ると、そうした状態はすべて、ずっと確率の高い雑然とした状態へ移行する傾向にあるということだ。*

熱力学的な矢は一見、時間の向きを説明するのにふさわしい種類の事柄であるように思われるかもしれない。時間の向きらしきものは、「より前」の時点と比較して、「より後」の時点におけるエネルギーの全体が常に拡散した状態にあるという事実に由来する、そう主張することができるかもしれない。** 諸システムは時間を通じてより雑然とした状態になるという仮定にもとづき、現在の状況からかつて何が起こったかをわれわれは判断する。チョコレート・プリンがここにあることから、混ざり合っていない一定量のミルクとココア、ゼラチンがかつて存在したことが示唆される。そう考えることは理にかなっているが、この逆は言えない。すなわち、一定量のミルクとココア、ゼラチンを見たからといって、プリンがかつて存在し、そこからこれらの材料が分離した状態で存在するようになったと推論しようとはしない。プリンを作ることは一方向の出来事であり、ここで語られる類の一方向性は、時間の向きとうまく一致するように思われる。だとすれば、熱力学的な非対称性は、時間の非対称性とまさに同じものではないだろうか。

熱力学的な「向き」と時間の向きの一致は、たしかにわれわれの目を引く。しかし、時間の向きが実在し変わることがないとすれば、両者は同じではありえない。というのも、問題となる熱力学の法則は、単に確率的なものだからである。あるシステム全体がより整理された状態へ向かうことは不可能なのではなく、単に非常にありそうもないというだけだ。インクと水の例を再び取り上げよう。グラス一杯の水に数滴インクを落とせば、それは水の中で多かれ少なかれ均等に拡散する傾向をもつだろう。他のどのような結果も期待することはかなり難しい（図5－1参照）。

しかし、水のなかに拡散したインクの分子すべてが一箇所に集まることを阻止する、そのような力や法則などは存在しない。単に、インクの分子すべてがたまたまランダムに同じ方向へ同時に向かうことなど、ばかばかしいほどありそうもないというだけである。さらには、何か非常にありそうもないことが起こったとしても、当の液体が時間を遡っているとは言いたくないはずだ。あるプロセスが

＊　別の言い方をすれば、諸々のシステムは、非平衡状態から平衡状態へ移行する傾向をもつということだ。たとえば、鍋に注いだ水はいくつかの箇所に集まってもりあがるよりも、鍋底で均等に広がる傾向にある。こうしたおよそ均等な分布が、熱力学的な意味での比較的「雑然とした」配置を構成するのである。

＊＊　ビッグバンの直後、宇宙はほぼ均質的な状態だったことをわれわれは知っている。宇宙がなぜこのような整理された状態（したがって、ありそうもない状態）にかつてあったのかということこそ、物理的宇宙論における主要な問題の一つである。雑然とした状態の方が整理された状態よりもずっと確率が高いとすれば、宇宙がこれまで一度でもそのような単純な状態にあったというのは、あまりありそうもないことではないだろうか。この問いに答えるには、宇宙の起源に関する理論が必要になる。これは第8章で論じる問題である。

図5-1　水中で拡散するインク。自然法則に反することなく、このプロセスが自ずと逆向きで生じることがありえないわけではない。

思いもよらない仕方で進行する、そんな事例の一つにすぎないだろう。

さて、次のように想定してみよう。でたらめな偶発的事態により、宇宙全体が時間を通じてより整理された場所となるような形で、すべてのプロセスが同じように整理された状態へ向かったとする。* この場合、時間それ自体が逆転したことになるだろうか。そうなるのは、時間が一定の向きをもつという考えを放棄した場合のみだろう。この考えを放棄することは、時間の向きの実在性を捨て去ることに等しいように私には思われる。また、宇宙全体がより整理された状態になるとき時間は逆転するが、特定の部分系がより整理された状態になったとしても、そこでは時間は逆転しないというのは恣意的に見えるはずだ。このように、時間を熱力学的な矢と同一視してしまえば、時間の向きは偶然的で局所的、そして、おそらくは一時的な現象になってしまうだろう。

因果による分析

最後に、因果の矢がある。時間と同じく、因果は非対称的である。因果の通常の概念にしたがえば、原因は常に結果に先立つ。時間の矢は因果の観点から理解されるべきだ、公式にそう示唆した最初の人物はライプニッツである。読者の記憶にあるとよいのだが、ライプニッツは時間に関する関係主義者だった。時間とは単に、「同時存在しないものの順序〔秩序（order）〕」であると彼は述べた。アリストテレスと同じくライプニッツもまた、時間はそれ自体で実在する何かではなく、われわれが変化を表象もしくは測定するための手段のようなものだと考えた。時間順序の観点から考えることがどうして、因果的依存を表象するための手段にすぎないのか。ライプニッツはこれを次のように説明している。

- 「対立をまったく含まない事物の状態が複数存在するとき、それらは《同時 simul》に存在すると言われる」。それゆえわれわれは、去年の出来事と今年の出来事とは同時存在するとは言わないのである。というのも、それらは同一事物の対立した状態を含んでいるからである。
- 「同時存在しないふたつの事物のうちの一方が他方の原因を含むなら、前者は《先に》、後者は《後に》生起する」。私の先行状態は私の後続状態が存在するための原因を含む。そして全事物の関連性という理由により、私の先行状態はさらに他の諸事物の先行状態も含むので、よって私の先行状態はさらに他の諸事物の後続状態の原因を含み、こうして他の諸事物の状態にも先行する。それゆえ「存在するものはいかなるものも、もう一つの存在者に対して同時に存在するのか、先行するの

＊「より整理された場所となる」と私は述べたが、これは時間の向きを前提とすることに注意しよう。動的な時間の観念を構造の一部に含んでいないような言語を、われわれは手にしていない。ここで起こっているのは、その一つの帰結である。

か、後続するのかのいずれかである」。

- 「《時間 tempus》とは同時存在しないものが存在することの秩序である」。したがってそれは諸変化の一般的秩序であり、そこでは変化の種類は考慮されない(2)。

関係主義をとるライプニッツによれば、実在するのは因果関係であり、前後関係は因果の向きを理解もしくは表象するための手段にすぎない。それゆえ、ライプニッツにとっては、出来事Ａが何か他の出来事Ｂ「より前」であるというのは、ＡがＢの諸原因の一つである（か、Ｂの諸原因の一つとともに存在する）からだ。この定義を通じて、時間的な前後の違いに関する、確率的ではない客観的基礎が特定される。またそれにより、時間が固有の向きをもつことが説明されるだろう。さらには、原因が常に結果に先立つという事実から、心理的な非対称性も容易に説明されるだろう。この説明にもとづくと、記憶が過去に関係するのはまさに、記憶が記憶された出来事を原因とするからである。

時間の非対称についての因果による分析は、いくつかの点において魅力的に見えるかもしれない。とはいえ、この分析は残念ながら、それが説明しようとするまさにその概念を前提としているように思われる。時間の非対称性という概念に依拠することなく、因果の定義をどう与えられるかが問題である。別の出来事を引き起こす出来事、あるいはまた、自然法則によれば別の出来事に先行する出来事として原因を定義することは自然であるように思われる。しかし、これらの定義のどちらも、時間的な先行性の分析のために利用したい概念（因果概念）を定義するにあたり、その時間的な先行性という考えを使ってしまっている。原因とは別の出来事を必然化する出来事であるとか、あるいは、別の出来事の確率を上昇させる出来事である（すなわち、AがBの原因であるのは、Bタイプの出来事が常にAタイプの出来事の後に現れる場合であるとか、あるいは、Bタイプの出来事が通常Aタイプの出来事の後に現れる場合である）と定義しても、この問題を解決することはできない。熱力学的な矢について議論したときに分かったように、自然法則にしたがえば、いかなる出来事の並びも真に不可逆的ではないことを思い起こそう。それゆえ、自然法則と矛盾しない限り、どんな「結果」についても原理的には、普通なら「原因」と呼びたくなるものが、その後に続いて起こることもありうる。さらには、もっとありそうもないがそれでも可能なシナリオとして、まったくの偶然により、問題のタイプに属する「結果」の後に続いて常に、問題のタイプに属する「原因」が起こることだってあるかもしれない。それゆえ、AがBを因果的に必然化するという事実それだけでは、何か向きが与えられるわけではない。ここでもやはり、AはBに先行することを付け加える必要がある。そうすると、因果による分析が説明しようとする、時間の非対称性が前提とされてしまう。*

因果に関するある説明は、因果関係を原初的で分析不可能な概念として捉える。原初概念とは、思

＊　時間に言及することなく「原因」を定義しようとするその他の試みもある。しかし、そうした定義はどれも、克服しがたい困難を抱えているように思われる。候補となる別の因果分析を概観したい向きには、オンラインで利用可能な「スタンフォード哲学百科事典（*Stanford Encyclopedia of Philosophy*）」に掲載中の、因果の形而上学に関するジョナサン・シャファーの記事を参照するとよい。

考と実在にとってあまりにも根本的であるため、それ以外のいかなる観点からも定義できないような概念のことである。(原初概念と考えられてきた他の候補として、「存在」と「真理」が含まれる。)言いかえれば、因果のどのような定義も、不可避的に循環してしまうということだ。これにより、先の問題が解決されると考えられるかもしれない。なぜなら、時間の向きについての因果による分析にまつわる問題は、因果をどのように分析しようとしても、必ず時間を含んでしまうように思われるという点にあるからだ。仮に因果が原初的であるならば、いわば強制的にこの問題は解決される。

しかしながら、因果は原初的だと主張することの大きな問題の一つは、因果関係に関する知識が不可能になってしまうように思われることである。デイヴィッド・ヒュームが指摘したように、因果的に関係する出来事それら自体に加えて、因果関係が経験されるわけではない。つまり、われわれが実際に経験するのは、相互に絡み合った出来事でしかない。出来事が因果的に関係しているという考えにわれわれを導くのは、こうした一連の出来事の経験なのである。だが、因果が原初的であるとすれば、それは出来事のパターンの観点から理解されるべきものではない。したがって、諸々の出来事に関する知識や、あるタイプの出来事が別のタイプの出来事の後に続いて起こる傾向性に関する知識は、因果関係についての知識を構成するものではないことになる。結果、因果は他のいかなる観点からも分析できないという理論にもとづくならば、こうした知識は不可能であるように思われるのである。

さらにまた、時間の向きは因果の矢によって決まるという考えは、より前の時点へ旅することが可能であるとすれば、その根拠を失うだろう。次章で見るように、タイムトラベルは論理的にも物理的にもまったくありえないというわけではない。過去へのタイムトラベルが可能ならば、後の出来事が前の出来事の原因となることもありうる。そうなれば、時間の矢と因果の矢の同一視はさらに根拠の乏しいものとなるだろう。

いわゆる時間の向きが一体どんな違いをもたらすというのか

今一度、水のなかのインクの拡散の例に話題を戻そう。ほとんどありそうもないことではあるが、この拡散のプロセスが逆転して、インクの分子が偶然一箇所に集まるというような、集中のプロセスに転じる可能性についてわれわれは議論した。熱力学的な確率に関するまさにこうした記述がどこで、時間の向きを前提とすることになるかに注意してほしい。インクは拡散するとわれわれは言う。同じプロセスを逆向きに見るならば、それは一箇所に集中するプロセスになるだろう。だが、それを「逆向き」のプロセスと呼ぶのはどうしてか。拡散し雑然とした状態に向かう運動を「前向き」の方向として語り、一箇所に集中し、エントロピーの減少へ向かう運動を「逆向き」の方向として語ることが許されるのはどうしてか。雑然とした状態に向かう（離れるとは対比的な意味において）統計的な傾向が標準的であるのは、時間には向きがあり、諸々のプロセスがその向きに進むにつれて、より乱れた状態になることが前提とされる場合に限る。あるプロセスを「集約」ではなく「拡散」と呼ぶことからも、そのプロセスの向きをわれわれはすでに決めてしまっているという事実が露呈する。そのプロセスを「拡散」と呼ぶのは、インクがかつては一箇所により集中していたことをわれわれが記憶し、いずれはそうでなくなることを予期するからだ。これは心理的な矢である。しかし、心理的な矢と時間の矢の関係がどのようなものであるかは、まだはっきりしていない。すでに見たように、熱力学的な矢と因果の矢は、時間の向きの説明としては、循環なしに機能するとは言えない。エントロピーや因果の通常の向きが時間の向きと同じだと単に規定することは、まったく恣意的である。

われわれが時間に特定の向きを割り当てる傾向をもつのはなぜか。その主要な理由はあきらかに心理学にある。われわれの記憶は一方向（「後向き」）で、予期はその反対方向（「前向き」）である。このように機能するのはどうしてか。過去を記憶するのに、未来を記憶することがないのはどうしてか。スティーヴン・ホーキングは一時期、次のように示唆した。記憶とエントロピーは結びついている。記憶を形成する際、われわれはニューロンを設定しなおす。これにより局所的には整理された状態が（記憶を担う脳の諸部分の内部で）増大する。だがそれには、若干のエネルギーの消費や体熱の消失を伴い、全体としてのエントロピーは増大する。それゆえ、この説明にもとづくと、記憶の形成はより大きな熱力学的傾向と関係する。全体としては熱の消失に向かう傾向のなかにありながら、脳が自らをより整理された状態にするということが起こるのだ。諸システムが必然的にエントロピーの減少に向かうような宇宙においては、脳が自らをより整理された状態にすることはありえない。そうすると、この理論にしたがえば、心理的な矢はエントロピーの矢に依存する。それゆえ、心理的な矢は、エントロピーの矢と同様、偶然的だということになる。エントロピーが減少に向かう（すなわち、事物がより整理された状態になる）、エントロピーの逆転した宇宙に自分たちが住んでいると想定してみよう。

エントロピーの矢と心理的な矢を結びつけるこの理論によれば、エントロピーの逆転した宇宙では、われわれは「未来」を記憶し、「過去」を予期することになるだろう。だが、その宇宙における過去はわれわれの未来と完全に類似し、その宇宙における未来はわれわれの過去と完全に類似するだろう。だとすれば、それが一体どんな違いをもたらすというのか（図5－2参照）。事物はなぜ、またどうして、われわれに現れるような現れ方をするのか。これを説明するうえで、向きの概念は実際のところ何も付け加えていないように思われる。熱力学的な矢や因果の矢のケースと同じく、心理的な過去と未来をそれぞれ「後向き」あるいは「前向き」と呼ぶ理由はない。今は何時かという問いがそうだったように、時間の向きもわれわれにとって何らかの意味をもつが、宇宙にとっては何の意味ももたないように思われる。

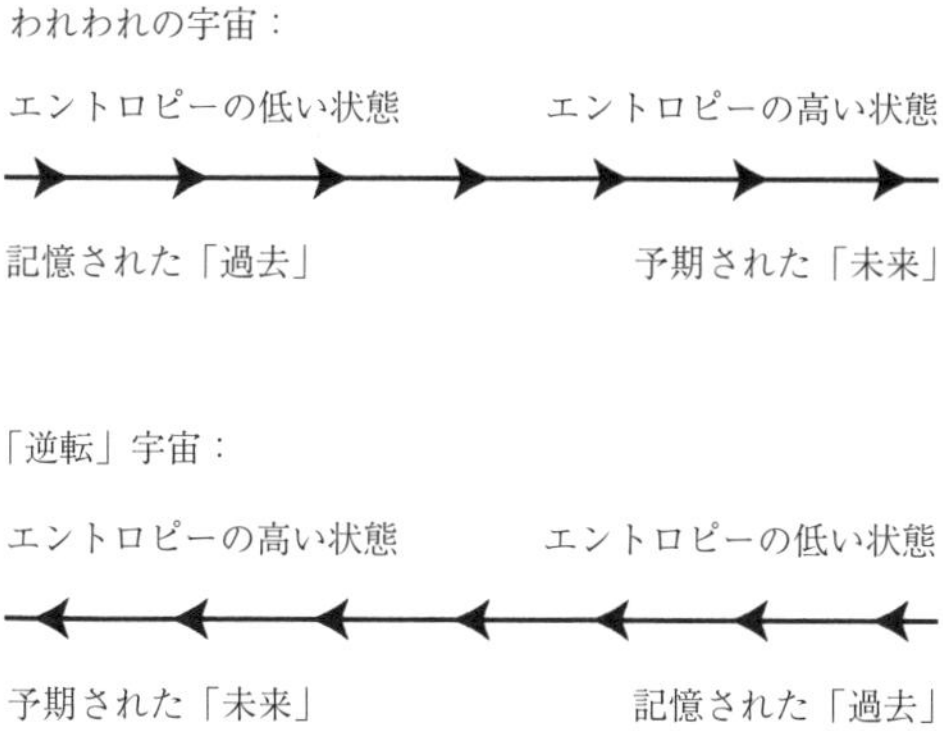

図5－2　これら二つのシナリオにどんな違いがあるか。

　マクタガートは一貫して、動く現在という考えに加え、時間の前後の向きという概念も混乱した考えにもとづいており、それは主観的な重要性しかもたないのではないかと疑った。ゆえに、彼は次のように示唆した。出来事には**C-系列**の順序があるだけで、静的で向きもない無時間的な瞬間の配列しかないのだ、と。英語のアルファベットはC-系列の一例である。われわれはアルファベットをAからZへ暗唱することに慣れてしまっているが、アルファベットのリストそれ自体にAからZへの固有の向きがあるわけではない。時間の矢についてのこれまでの考察が示唆するのは、いわゆる時間の方向性なるものもまた、人間の心理学に由来し、単なる規約にもとづくということだ。

量子もつれと因果の向き

この結論はさらに、ある種のミクロ物理的なプロセスの振る舞いからも示唆される。量子の領域（つまり、とてもとても小さなものの領域）において科学者たちは、物理法則の本性に関する諸前提に疑問を投げかける諸々の現象を観察している。たとえば、空間的に隔たった複数の光子の振る舞いを測定するために使用される器具の設定が、それら光子の状態（スピンの向きなど）に影響するように見える。複数の光子の状態は、互いに瞬時に伝達を行うことができない限り不可能に思われるような仕方で相関するのである。だが、そうした瞬時の伝達それ自体が不可能であるように思われる。この**非局所性**、あるいは、アインシュタインの軽蔑的な言葉を借りるなら、「不気味な遠隔作用」は、標準的な相対論的物理学と根本的に衝突するゆえに、その土台を根底から覆すように思われる。しかし、この種の現象はたしかに実在する。問題はそれをどう解釈するかだ。有力な諸解釈のなかには、非局所性を認め、それにより、古典物理学と相対論的物理学を完全に却下するというものも含まれる。*

オーストラリアの哲学者で、シドニー大学の「時間研究センター（Centre for Time）」の創設者でもあるヒュー・プライスは、量子の相関に関するこうした解釈に困惑をおぼえた。この解釈は、静的な理論のブロック宇宙の見方を真面目に捉えていない、彼はそう考えた。とりわけ、（物理学者がそうするように）ブロック宇宙の提案を真面目に捉えるならば、因果がいわば前向きにのみ作用することを前提とするのはなぜか。言いかえれば、物理学が描く無時間的な実在にわれわれが本当に生きているとするならば、過去が未来に影響を及ぼすのと同じように、未来が過去に影響を及ぼすことがありえないのはなぜか。プライスの提案はこうだ。光子の実験において観察されるのは**遡及因果**（retrocausation）である。すなわち、後の測定がより前の粒子の性質に因果的に影響を及ぼしているのだ。このような因果的影響があるなら、観察される粒子の相関は瞬時の非局所的影響なしに説明され、古典物理学や相対論的物理学を見直す必要もないはずだ。

測定前の素粒子の状態の**不確定性**をめぐる量子力学ではおなじみの主張についても、同じことが言える。非局所性を示唆する実験とよく似た諸々の実験から、原子よりも小さい粒子は、それが測定されるまでは、文字どおり不確定な状態にあることが含意される、通常そのように考えられてきた。数々のこうした主張は、有名な「シュレディンガーの猫」の思考実験をもたらすこととなる。オース

＊ 他のさらにぞっとするような提案として、無数の別の宇宙が同時に存在するというものもある。このアイデアについては、最後の章で少し触れる。

トリアの物理学者エルヴィン・シュレディンガーは、そんな不確定性は不合理だと考えた。そこで、彼は次のような設定を描いてみせた。まず、密閉された箱に猫を入れ、毒を仕掛ける。ただし、その毒の放出は、原子よりも小さい粒子がどのような状態にあるかに依存する。さて、量子現象に関する不確定性解釈が正しいとすれば、箱を開けるまでは、猫は生きていてかつ死んでいる状態だと結論しなければならない。そして、箱を開けた瞬間にはじめて、猫は生きているか死んでいるかいずれかの確定的な状態になる。シュレディンガーの指摘は、このような結論を導くどのような解釈も、どこか間違っているに違いないということである。

因果はいわば「両向き」に作用しうるという提案は、非局所性や不確定性といった、(プライスの言う)「概念上のホラー」に訴えずに済むという利点をもつ。不気味な遠隔作用はもはや必要なく、生きていてかつ死んでいる猫も必要ない。

逆向き因果や遡及因果の考えは、なぜそんなに奇妙に思われるのか。プライスの説明によればそれは、日常経験の世界、すなわちマクロな世界が問題になるとき、われわれは熱力学的な矢が一つの方向を指し示しているのに見慣れているからにすぎない。しかし、そもそも無時間的な宇宙の観点から量子状態の諸実験にアプローチしたなら、このような相関は遡及因果の直接的な証拠と見なされたはずだ、彼はそう論じる。より後とされるものがより前とされるものを説明するという考えに反対する、もともと裏づけのない根強い先入観がある。量子の相関についてのシンプルな説明があるにもかかわらず、それを妨げているのはこうした先入観の仕業にすぎない。

プライスは、本章の前半で説明した考えを支持する。その考えとは、時間の矢と同じく因果の矢もまた、本来は時間対称的な世界への投影であり、われわれがこの実在をどのように処理するかに由来するというものだ。プライスが主張するところでは、因果は単なる人間の投影であって、マクロ物理的な世界（すなわち、人間の心理学に関連する世界）の、統計的な熱力学的非対称性に関係している。彼ははっきりと、因果的な関係の一方向性という考えを、色のような感覚的性質に喩えている。色を対象に帰すことと同じく、因果的な力を出来事に帰すことは心理的投影の結果である。結果として色を対象に帰すことになるような、われわれの経験の特徴とはもちろん、視覚経験それ自体に他ならない。プライスは次のように問う。

われわれのパースペクティブの一体どのような特徴が原因と結果の区別に現れることになるのだろうか。一番もっともらしい答えは、行為主体としての自らの経験を通じて、われわれは因果の概念を獲得するというものだ。大雑把にいえば、ＡをＢの原因として考えるということは、Ｂを成し遂げたりそれをもたらしたりする潜在的な手段として、Ａを考えるということである。……したがって、あることを成し遂げるために別の何かをするというわれわれ自身の経験に、因果の非対称性の起源はある。事実、こうしたことが可能であるような状況では、事物の順序を逆にして、最初の事態を達成するために次の事態をもたらすというような芸当などわれわれにはできない。このことから、因果の矢、すなわち、原因と結果の区別が生み出される。それゆえ、この因果の矢と時間の矢の結託は、より後の手段をもたらすことによって、より前の目的を成し遂げることは通常は不可能であるという事実からの帰結なのだ(3)。

ところが、プライスが正しいとすれば、実際には、原子より小さい粒子がより後の時点でどのような状態にあるかを測定することにより、より前のその粒子の状態に変化をもたらすことができる。ただし、この種の因果はわれわれの経験を構成するものではなく、したがって、意思決定にとって重要性をもたない。われわれはそのような因果とともには進化しなかった、単にそれだけのことである。

真の意味での「いつでもないところからの眺め」、すなわち、時空連続体をあるがままの無時間的なブロックとして扱うパースペクティブには、時間固有の向きも、客観的な一方向の因果の矢も含まれないだろう、これがプライスの結論である。

量子力学の実験上の観察に関するプライスの解釈は現段階では解釈の一つにすぎず、そのうえ議論を呼ぶ解釈でもある。とはいえ、繰り返せば、(a)非局所性や不確定性といった直観に反する諸概念が不要になるエレガントな解釈であり、そしてまた、(b)真に対称的な時間の本性と、時間の矢の本来的な主観性を真面目に捉える解釈であるという意味において、それは大きな利点をもつ。時間の哲学と物理学に関係することが分かっているすべての事柄を考慮する限り、これは説得力のある説明である。

訳者注

（1）マクタガートの議論において、過去・現在・未来の区別にもとづくA-系列と、前後関係によるB-系列は次のような関係にある。まず、無時間的な実在があり、それにA-系列の時制的区別が加わることで、B-系列の時間が派生的に生じる。ところが、マクタガートの考えでは、A-系列は矛盾を含むため存在せず、したがって、それを基礎とするB-系列も実在しない。要するに、時間は実在しない。

（2）ライプニッツの「数学の形而上学的基礎」の日本語訳については、『ライプニッツ著作集（2）』収録の三浦伸夫訳の該当箇所（六七-六八頁）を参照。

（3）翻訳は訳者による。

引用文献

Hawking, Stephen. *A Brief History of Time* (New York: Bantam, 1988).（スティーヴン・W・ホーキング『ホーキング、宇宙を語る』林一訳、早川書房、一九八八年）

Leibniz, G. W. "Metaphysical Foundations of Mathematics," in *Philosophical Papers and Letters*, trans. by Leroy Loemker (Chicago: University of Chicago Press, 1956).（「数学の形而上学的基礎」ライプニッツ『ライプニッツ著作集（2）』収録、原亨吉・佐々木力・三浦伸夫・馬場郁・斎藤憲・安藤正人・倉田隆訳、工作舎、一九九七年、六七-八四頁）

McTaggart, J. M. E. "The Unreality of Time," *Mind* 17 (1908), 457-474.（ジョン・エリス・マクタガート『時間の非実在性』収録、永井均訳、講談社学術文庫、二〇一七年、一五-五八頁）

Price, Huw. *Time's Arrow and Archimedes' Point* (Oxford, UK: Oxford University Press, 1997).（ヒュー・プライス『時間の矢の不思議とアルキメデスの目』遠山峻正・久志本克己訳、講談社、二〇〇一年）

Schaffer, Jonathan. "The Metaphysics of Causation," in *The Stanford Encyclopedia of Philosophy*, ed. by Edward N. Zalta, http://plato.stanford.edu/entries/causation-metaphysics/.

本章の諸問題に関連する他の文献

Carroll, Sean. *From Eternity to Here* (Oxford, UK: Dutton, 2010).
Van Fraassen, Bas. *An Introduction to the Philosophy of Time and Space* (New York: Random House, 1970).

第6章　タイムトラベルの可能性

時間に関する静的な理論において、時間的位置は多くの点で空間的位置と同じように扱われる。現代物理学にしたがい、この理論では時空は変化しない四次元ブロックとして扱われる。空間のどの部分も等しく実在する。まったく同じように、時空連続体の時間的切片はどれも等しく実在する。だとすれば、空間の別の部分へ旅することが可能であるように、少なくとも理論上は、時間の別の部分へ旅することも可能なはずだ、そう示唆されるかもしれない。それゆえ、タイムトラベルの可能性を探究することは、時間に関する静的な理論からの諸々の含意を探究することでもある。

フィクションとしてのタイムトラベル

前世紀もしくはその前から、文芸や映画はタイムトラベルに関する空想的な記述であふれている。H・G・ウェルズの小説『タイムマシン』から、テリー・ギリアムの映画『12モンキーズ』にいたるまで、ワクワクさせる多くの物語には、現在の時点から過去の時点、あるいは未来の時点へのある種のジャンプが含まれている。『タイムマシン』のタイムトラベラーは、遥か未来の地球へ自分を運ぶ装置（どのような原理で動くかは不明だが）をつくりあげる。『12モンキーズ』の主人公は過去の地球へ旅し（ここでもまた、技術的な細部は曖昧だが）、そこで彼は、自分がやって来た時代の状況と大いに関係することが後に判明する、諸々の出来事に巻き込まれる。

こうした物語は読者や映画ファンの想像力を魅了するものではあるものの、時間に関する論理や物理はそれほど真面目には考慮されていない。これらの作家たちは一体、どのようなトラベルを念頭においているのだろうか。世間一般には、「トラベル」で意味されるのは普通、時間を通じた空間上の（たとえば、ニューヨークからパリへの）移動である。到着には時間を要するとはいえ、目的地は時間的位置ではなく空間的位置によって指定される。しかし、タイムトラベルというまさにその概念は、時間的位置を空間的位置と同じように扱う。われわれがフィクション作品を楽しむ際、疑念を一旦保留すれば、こうした比喩はうまくいくかもしれないが、だからといって、タイムトラベルは整合的な概念であるとか、ましてや、もっともらしい考えであるなどとは言えない。相対論的物理学、そして、出来事のA-系列とB-系列の区別をすでに議論した現段階においては、われわれは以前よりもずっとよい状況で、タイムトラベルの可能性とその含意を検討することができる。

本書のこれまでの考察から直ちに言えることは、タイムトラベルが何らかの形で可能であることに関して、楽観的に考えてよいいくつかの理由があるということだ。もっとも有望な時空モデルは、無時間的に存在する一定範囲の出来事を含んだ、ブロック宇宙であることをわれわれはすでに学んだ。過去、現在そして未来の出来事がすべて無時間的にともに存在するならば、少なくとも、タイムトラベラーが目指す潜在的な目的地は存在する。*

さらに言えば、特殊相対性理論において、異なる座標系は相対速度によって決まり、各々の座標系は、どの出来事が他の出来事と同時かに関して独自のパースペクティブをもつとされる。その一つの帰結として、何が現在を構成するかは、かなり実質的な意味においてパースペクティブの問題である。そうすると、速度の変化（したがって、座標系の変化）により、ある「現在」から別の「現在」へシフトするという考えにも可能性が開かれる。また、これからすぐに見るように、一般相対性理論においては、時空それ自体を操作することにより、ある時空的位置から別の時空的位置へジャンプを行うためのいくつか可能な方法が示唆されている。

フィクションとしてではなく、本当にタイムトラベルが可能かどうかを検討するにはまず、それが少なくとも論理的に可能な概念かどうかを確認する必要がある。論理的に可能だとすれば、われわれが理解するところの自然法則が、タイムトラベルを許容するかどうかを問うことは有意味である。そして、自然法則がそれを許容するなら、われわれは次に、利用可能な資源が与えられたとして、何らかのタイムトラベルが実行可能かどうかを議論することができる。

＊　これとは対照的に、現在主義では過去と未来は存在しないものとして扱われる。タイムトラベラーが到着すべき場所など存在しないのである。

タイムトラベルは論理的に可能か

タイムトラベルが可能かどうかを問うとき、「可能性」の三つの異なる意味に対応して、三つの異なる事柄のいずれかを意図しうる。すなわち、論理的可能性、物理的可能性、実践的可能性の三つである。**論理的可能性**は、ある事柄をめぐるまさにその概念が論理的矛盾を含意しないかどうかに関わる。たとえば、丸い四角をつくることは、矛盾した性質をもつ対象を含んでしまうため、論理的に可能ではない。また、ある出来事が**物理的に可能**であるのは、それが起こることが自然法則に一切違反しない場合である。論理的可能性は物理的可能性を〔包含関係において〕上回る。なぜなら、物理的に可能ではないが、論理的には可能であるような出来事がありうるからだ。再度、丸い四角について考えてみよう。丸い四角が論理的に不可能であることを知っているならば、物理学においてその可能性が認められるかどうかを吟味する必要はない。逆に、物理的に可能な出来事が、論理的に可能でないことはありえない。たとえば、何の支えもない鉛筆が地面スレスレのところで空中に浮くことは自然法則に反するかもしれないが、このような現象が生じても、それは論理的な矛盾ではない(1)。最後に、**実践的可能性**もしくは実行可能性の概念がある。実践的可能性は単に、利用可能な資源をもとに、実際に何をすることができるかに関わる。論理法則や自然法則には違反しないが、単に十分なエネルギーや材料が利用可能ではないため、成し遂げることができないようなこともたくさんある。

論理的可能性は他の可能性を上回るため、タイムトラベルが論理的な矛盾を含むかどうかに関する問いからはじめるのが理にかなっている。タイムトラベルには（少なくとも、それがフィクションにおいて描かれる限りでは）、論理的な矛盾やパラドクスが発生するおそれがあるように見える。もっともよく言及されるのは**祖父殺しのパラドクス**だ。タイムトラベルのよくあるＳＦ的設定を取り上げよう。そうした設定では、過去に旅するためのある種の乗り物が登場する。もしこのようなタイムトラベルが可能なら、時間を遡り、自分の祖父を幼少期に殺害し、それにより、自らの誕生を阻止することができるはずである。しかし、そうなるともちろん、自分が存在し、時間を遡って祖父を殺害することは可能ではなくなる。

実際、祖父殺しのパラドクスは、タイムトラベルの論理的可能性に対して深刻な問題を突きつける。さらに、時間に関する静的な理論において、過去や未来の出来事と呼ばれるものは、本当は無時間的に存在する前後の出来事にすぎないのだから、過去と未来の出来事は変えられないことになる。変化しない出来事を変えることなどできない。したがって、そんなことができると仄めかすようなことがあれば、タイムトラベルの見込みはさらに薄くなる。こうした懸念により、タイムトラベルの可能性が論理的な根拠にもとづいて排除されれば、それに関する科学的研究を行う必要さえない。その場合、タイムトラベルは起こりえないことを、われわれはすでに知っていることになるのだから。

実のところ、タイムトラベルと静的な理論は論理的に無矛盾でありうる。静的な理論が述べているのは本質的には、起こったことは起こったということである。過去はあるがまま、実際にそれが存在するとおり（無時間的に）存在しており、それを変えることはできない。しかしながら、このことから、タイムトラベルの可能性が必然的に排除されるわけではない。というのも、この事実は、タイムトラベラーの行為が過去に含まれていることを排除しないからである。すなわち、過去におけるタイムトラベラーのどの行為も無時間的に存在し、世界の歴史のなかに含まれているだけなのかもしれない。このことが意味するのは、たとえ過去に旅したとしても、自分の祖父母を殺すことはできないということだ。なぜか。タイムトラベラーは事実、祖父母を殺していないからである。これは奇妙に聞こえる。タイムマシンとピストルが利用できることを認めるなら、祖父母の殺害を遂行できない理由が謎だからである。これに対して、哲学者デイヴィッド・ルイスは次のように論じた。この見かけ上の奇妙さは単に次の事実による。すなわち、何かをすることが「できる」という主張が正しいかどうかを決定する際、それに関連する事柄は文脈依存的であるという事実だ。必要な力量とチャンスがあれば、誰か別の人を殺害することが「できる」ということは問題なく真でありうる。だが他方、後の時点において自分が存在することを前提とする場合、幼少期の祖父を殺害することは（「できる」の異なる意味において）「できない」。祖父を殺害するため実際に時間を遡ったとしても、その試みには必ず何らかの邪魔（ピストルの暴発や心変わりなど）が入る。というのも、その暗殺の試みはすでに起こったことであり、成功しなかったことは明白だからだ。SFのタイムトラベルが可能であるとしても、自分の祖父は（無時間的に）生きていて、自分は（無時間的に）彼の孫であることは事実である。物理学者ブライアン・グリーンの言葉を借りれば、こうした事実を変えることができないのは、円周率 π の値を変えられないのと同じである。

したがって、静的な理論において過去と現在が固定されていることを加味しても、祖父殺しのパラドクスによってタイムトラベルの可能性が排除されることはない。排除されるのは、時間を通じた世界のあり方に関する不整合な物語だけである。タイムトラベルがもたらすどの出来事も世界の歴史に無時間的に含まれており、それゆえ、固定的な出来事の連続体の一部をなしている。このように理解する限り、タイムトラベルから必ずしも矛盾は生じない。しかしながら、タイムトラベルが論理的に可能であることは、それが物理的に可能であることを意味しない。少なくともわれわれが理解するところの自然のなかに、タイムトラベルを可能とする余地は残されているだろうか。

タイムトラベルは物理的に可能か

繰り返しになるが、SFが描く標準的なシナリオは、人を乗せて時間を遡る（あるいは、先に進む）移動装置というアイデアにもとづいている。より一般的な過去向きのタイムトラベルのシナリオは、ロビン・レ・ペドヴィンやその他の論者によって言及された「二重占有問題」により、直ちに疑わしいものとなる。ボタンを押して、タイムマシンが時間を遡りはじめたとしよう。時間を遡るタイムマシンはその直後、ボタンを押した一〇〇万分の一秒前に当のタイムマシンが占有していた（このとき、タイムマシンは未来向きに進んでいたのだが）のとおよそ同じ場所を占めていなければならない。だがしかし、二つの硬い物体が同時に同じ場所を占有することなど不可能である。*

より有望な提案は、アインシュタインの一般相対性理論（GTR）と関係するタイムトラベルの可能性で、これらの提案は科学的によりたしかな基礎をもつ。GTRによれば、物質の存在やその活動に反応して、時空それ自体がゆがむことがある。この効果をもとに、相対論的な時空において、タイムトラベルがいかにして物理的に可能となるかについて提案を行った人々もいる。アインシュタインは晩年、プリンストンで偉大な数学者クルト・ゲーデルの友人となった。アインシュタインとの交流に触発されてゲーデルは、すべての物質が回転しているGTR宇宙を表す数式に解を与えた。このような宇宙においては、時空が大きくゆがむため、いくつかの光円錐が自らの過去にたどり着くほどの傾きをもつことになる。

より最近では、キップ・ソーンをはじめとする物理学者により、次のようなことが議論されている。GTRによると、十分な質量とエネルギーがあれば、「ワームホール」が形成されることも予測される。ワームホールとはトンネルのような時空のゆがみであり、ある空間領域から別の空間領域への通過を可能にするとされる。そして、このワームホールを利用すれば、自らの過去に遡ることも理論上は可能だと言うのである。

真面目な考案者たちから支持を受けているにもかかわらず、タイムトラベルの理論的可能性に関するこうした提案は、今も科学的論争の的となっている。たしかに、タイムトラベルが物理的に可能だとしても、風変わりな時空の形状に依拠するようなものはどれも、実践的に可能であるようには見えない。説明される形で時空をゆがめるのに必要となるエネルギーは、宇宙的規模になってしまうだろう。また、これらの提案が本当に、物理的に可能なタイムトラベルの手法を説明しているかどうかも、まったく議論の余地がないわけではない。アインシュタインが示唆するところでは、ゲーデルのモデルは、回転する宇宙においてさえタイムトラベルを阻止してしまうような、他の物理法則を考慮に入れていない可能性もある。ワームホールは本来的に不安定であるとか、別の物理的な理由によりタイムトラベルには利用できないと論じるものもいる。したがって、過去向きのタイムトラベルが物理的に可能であることについて意見の一致はない。ティム・モードリンの評するところ、ゲーデルおよびソーンの思弁は、GTRと数学的に無矛盾だが、決して実現はされず、実現が可能でもないような時空の形状を見つけ出すための練習問題である。彼は次のように問う。可能とされるこうした思弁がわれわれの時間概念にどのような重要性をもつのか、と。

タイムトラベルが物理的に可能であることの適正性に関する諸々の主張が説得力をもつならば、その形而上学的含意はとても興味深いものとなるだろう。タイムトラベルが実践的に可能ではないとしても、それが現実的かつ物理的に可能だとすれば、時間に関する動的な理論に対してさらなる一撃を加えることになる。動的な理論によれば、時間を通じて一つの経路が存在する。過去は一つ、現在も一つ、そして未来も一つである。そして、どの出来事や瞬間も、過去性、現在性、または未来性いず

＊　物語を書き換えて、タイムマシンは完全に姿を消し、いつか別の時間に再び現れるとするならば、人と連続性に関する形而上学的な問題が生じる。すなわち、タイムマシンに搭乗する人間は、それほどの完全な非連続を経験した後も、本当に同じ人でいられるかという問題である。あるいは、タイムマシンのような装置は単に、搭乗員の複製を過去に作り出すという結果しかもたらさないのだろうか。だとすれば、これは逆向き因果の事例ではあるが、タイムマシンはもはや輸送装置とは見なされないだろう。

れかの性質をもつ。（単に原理的にとはいえ）過去へのタイムトラベルが可能だとしたら、当のタイムトラベラーにとって過去の出来事は現在であり、現在の出来事は未来の出来事であるといったことが潜在的には起こる。だとすれば、このような性質は本当のところ、出来事がもつ性質ではない。そうではなく、何が過去であり、何が現在で、何が未来であるかは、主観的な問題とならざるをえない。実際、ゲーデルはこうした理由により、時間に関する動的な理論を退けたのである。

因果および時間の矢についても再考が必要になるだろう。過去へのタイムトラベルが自然法則と矛盾しないならば、未来の出来事が過去の出来事を引き起こすこともありうる。そうすると、ヒュー・プライスをはじめ、その他の論者が主張する考えの信頼性はさらに増すだろう。その考えによれば、時間の一方向性は自然の本来的側面ではない。

タイムトラベルの非対称性をめぐる問い

これまでの話題は、過去へのタイムトラベルに限定されていた。だが、時間の経過が実在的であるならば、われわれは常に、いわば未来向きにタイムトラベルしている。さらにまた、アインシュタインの特殊相対性理論のおかげで、出発点へ引き返す前に少し加速するだけで、いとも簡単に未来に「スライド」できてしまうことをわれわれは知っている。高速の宇宙船に乗って地球を出発し、急加速して遠ざかり、その後、元の場所に引き返してきた人は、自分がもつ時計と地上の時計にズレがあることに気づくだろう。これは相対性理論からのよく知られた帰結である。双子のうちの一人が、そのような旅に出かけたとする。旅に出た双子が戻ってきたとき、地上に残ったもう一人とくらべて、自分にとっては時間がゆっくり「経過」していたことに気づくのである。

この奇妙な現象を理解するうえでそれなりに有効な方法の一つは、われわれはそれぞれ時空上に経路をもつと考えることである。われわれは誰もが時間を通じて同じ量の時空を通過するが、その方法が同じであるとは限らない。時空の空間的次元においてより多くの距離を通過すればそれだけ、時間的次元において通過する分は少なくなり、その逆も正しい。（ただし、一定の限界はある。）双子の一方がこのような旅をするという事実が意味するのは、当人は旅の間、一つの座標系ではなく、二つの異なる座標系の観点から時間の経過を測定することになるということだ。離ればなれの双子がたどる時空上の各経路は、図6－1に示された形で表現することができるだろう。大雑把に言えば（そして、動かない方の双子のパースペクティブに限定するならば）、旅をする方の双子の一直線ではない時空上の経路は、動かない方の双子と比較

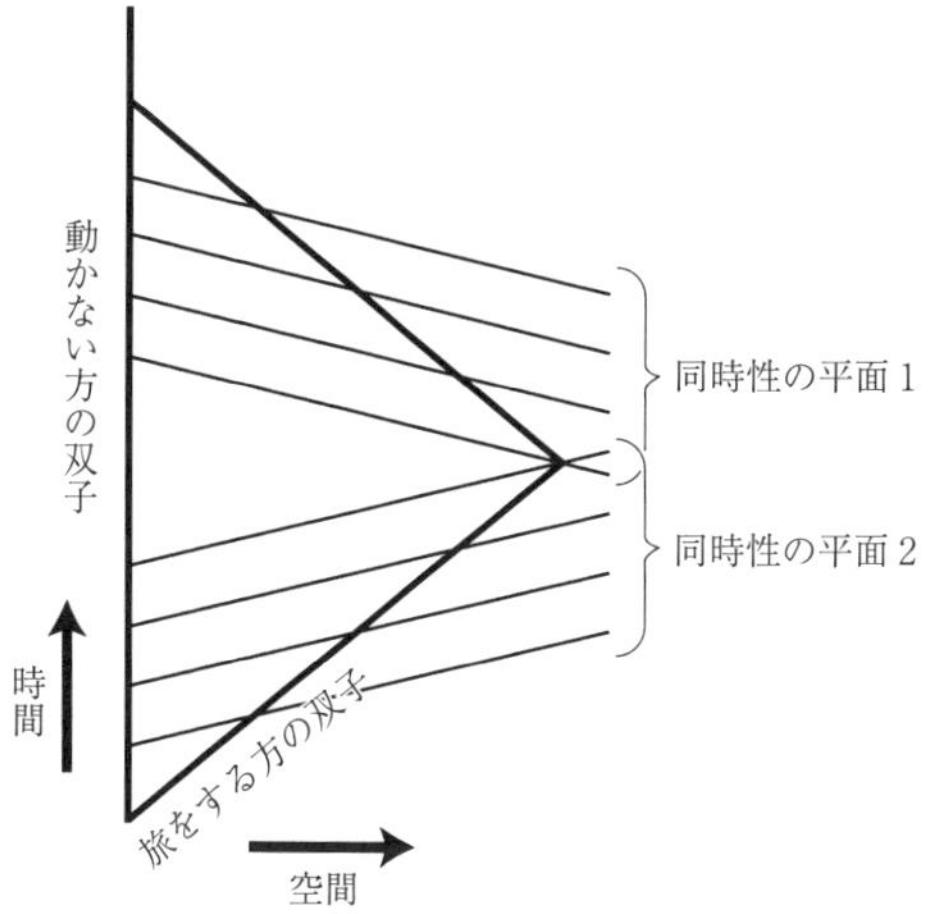

図6－1　各々の同時性の平面が表すのは、旅をする方の双子から見て、互いに同時と評価される空間的に隔たった出来事の集合である。

して、空間的次元に関してより多くの距離を進む一方、時間的次元に関してはより少ない。*つまり、旅をする方の双子はより多くの距離を進む代わりに、それほど年をとらないということだ。

加速によるこの効果は、何度も実験によって確かめられている。ジェット旅客機の非常に正確な電子時計は、数回のフライトの後、地上にある同じ電子時計との間に識別できるほどのズレを生じさせる。そして、そのズレはアインシュタインの予測とぴったり一致する。それゆえ、戻ってきたときの時間のズレはほんのわずかとはいえ、飛行機で旅に出る人は誰しも、未来へのタイムトラベラーなのである。

だとすれば、未来へのスライドは、物理的に可能なだけでなく実践的にも可能である。それに対して、過去向きのタイムトラベルは、論理的および物理的に可能だとしても、実践的には不可能に思われる。この事実を考慮して、バリー・デイントンは実によい問いを提起している。時間に関する静的な理論が正しいとすれば、過去への後向きのジャンプとくらべて、未来への前向きのスライドがこれほど容易であるのはどうしてか。過去と未来が現在と同じように実在し、未来へのタイムトラベルが可能である（ありきたりとさえ言える）とすれば、過去へのタイムトラベルが物理的に不可能ではないにせよ、きわめて困難であるのはどうしてか。過去と未来が本当に静的な時空連続体の部分であるならば、過去と未来がこれほど違うのはどうしてか。

タイムトラベルをめぐる議論はどうしても、思弁的な性格をもつ。にもかかわらず、タイムトラベルの非対称的な本性に関するデイントンの問いのように、すばらしい問題にわれわれを誘ってくれることもあるのだから、それは有益な探究領域である。静的な理論が時間の本性を十分に捉えているかどうかについて、ある部分では懐疑的であらざるをえないことを意識させる、これはそういう問いなのだ。少なくとも、われわれの理解がさらに深まるまでは。

過去と未来の間にあると言われる、さらに別種の非対称性も存在する。これは、静的な理論の不十分さについてのよくある主張の根拠とされるものだ。済んだことはどうしようもないということには、誰もが同意するかもしれない。とはいえ、人間が自由であるためには、未来は開かれていなければならない。純粋な選択、言いかえると、諸々の可能性が決定されていないことが要求されるのである。だが、静的な理論は自由と両立できないように見える。というのも、静的な理論においては、未来を含め、宇宙の時系列のどこにも変更の余地はないからだ。それゆえ、われわれが自由であるとするならば、静的な理論は誤りであるに違いない。この種の批判が本当に、静的な理論が誤りだと考える根拠となるかどうか、これが次章の主題である。

＊　そしてまた、図の空間軸と時間軸も、動かない方の双子のパースペクティブからの分類にすぎないことに注意してほしい。旅をする方の双子の座標系は異なるため、そのパースペクティブから見た空間と時間は異なる。そして、このことはもちろん、相対論の考えそのものにとって本質的である。この図は、ウィキペディア使用者 Acdx の好意により、次のファイルを手直ししたものである。Twin paradox_Minkowski diagram.png. Accessed Oct. 22, 2012, at http://en.wikipedia.org/w/index.php? title=File: Twin_Paradox_Minkowski_Diagram.svg.

訳者注

（1）　この箇所の記述は、やや分かりにくい（説明の順序がおかしい）かもしれない。著者の意図は、①物理的に可能なものは論理的に可能だが、②論理的に可能なものが物理的に可能であるとは限らない（論理的には可能だが物理的には不可能なこともある）こと、また、③論理的に不可能なものは物理的にも不可能であること、これらを例証することだ。このうち、①と③は対偶の関係にあり、両者は実際には同じことを述べている。もうお分かりのとおり、丸い四角の例は③に、浮かぶ鉛筆の例は②に対応する。テキストでは①の例に言及はないが、たとえば、どんなに速くても光速に達しないものは物理的にも論理的にも可能である。一般に、物理法則それ自体が無矛盾である限り、それにしたがう事柄は論理的に可能である。ただし、それぞれは無矛盾である複数の法則や理論を組み合わせたとき、何らかの矛盾が生じることはあるかもしれない。

引用文献

Dainton, Barry. *Time and Space* (Montreal: McGill-Queen's University Press, 2002).

Le Poidevin, Robin. "The Cheshire Cat Problem and Other Spatial Obstacle to Backward Time Travel," *Monist* 88 (2005), 336-352.

Lewis, David. "The Paradoxes of Time Travel," *American Philosophical Quarterly* 13 (1976), 145-152.

Maudlin, Tim. *The Metaphysics within Physics* (Oxford, UK: Oxford University Press, 2007).

本章の諸問題に関連する他の文献

Callender, Craig. *Introducing Time* (New York: Totem Books, 1997).

Carruth, Shane. *Primer* [movie] (2004).（映画『プライマー』S・カルース監督、二〇〇四年）
Earman, John. *Bangs, Crunches, Whimpers, and Shrieks* (Oxford, UK: Oxford University Press, 1995).
Epstein, Lewis Carroll. *Relativity Visualized* (San Francisco: Insight Press, 1985).
Falk, Dan. *In Search of Time* (New York: St. Martin's Press, 2008).
Gilliam, Terry. *Twelve Monkeys* [movie] (1995).（映画『12モンキーズ』T・ギリアム監督、一九九五年）
Hawking, Stephen. *A Brief History of Time* (New York: Bantam, 1988).（スティーヴン・W・ホーキング『ホーキング、宇宙を語る』林一訳、早川書房、一九八八年）

第7章　時間と自由

未来にはすでに決まった筋書きがあるのだろうか。時間に関する静的な理論によれば、未来と呼ばれる出来事はすべて無時間的に存在し、時空の時間的次元に分布している。静的な理論においては、すべての事実はあるがままに存在し、未来と「すでに決まった」過去の間に一切違いはないことが示唆されるように思われるので、われわれは未来を変えることができないのではないか、そう考えられるかもしれない。物事の成り行きが一通りしかないならば、われわれは実際に選択した以外のことを選択することはできない。実際に選択した以外のことを選択することができないとすれば、われわれはどうして自由でありうるだろうか。自由意志が不可能であることは本当に、時間に関する静的な理論から帰結するだろうか。（そして、帰結するとすれば、それはこの理論を却下する理由になるだろうか。）

アリストテレスと明日の海戦

宿命論とは、未来には正真正銘の代替的可能性はまったく含まれておらず、したがって、人間の意思決定など無意味だとする見解である。哲学の文脈においてこのことは、神秘主義的あるいは超自然的な力の積極的介在といったものに関わるわけではない。そうではなくむしろ、開かれた未来という考えにまつわるある種の論理的、形而上学的、あるいは神学的な問題に関わる。われわれはときとして正真正銘の代替的可能性の間で選択を行うことができ、ある点では自分たちの意思決定に依存する偶然的な出来事もある、そのような直観を根強く抱いている。だが、宿命論はこの直観と衝突するのである。宿命論を信奉することが要求されるとすれば、時間に関する静的な理論はかなり受け入れがたいものとなるだろう。時間に関する動的な理論の擁護者は、まさにこのことを根拠として、静的な理論に対して反論を展開することがある。人間には自由意志があり、自由意志は開かれた未来を必要とするのだから、静的な理論が正しいはずはない、そう主張する論者もいる。動的な理論の提唱者による次の指摘は正しい。時間に関する静的な理論においては、最後の細部にいたるまで未来には決まった筋書きがあり、「これから」起こることは無時間的に起こる。これは一見すると、人間の意思決定を通じていずれかに決定することができるような、別のリアルな可能性が未来にあることを排除するように思われる。

より形式的に述べると、静的な理論は**論理的宿命論**に手を貸すように思われること、これが問題なのである。論理的宿命論は包括的な哲学的宿命論の別称とも言える。この形態の宿命論は、その起源をたどれば、アリストテレスおよび彼と同時代の哲学者にまで遡る。それは、未来の可能性に関するシンプルな論理的難問にまつわる。論理学に関するアリストテレスの膨大な研究業績は、哲学に対する彼の多くの貢献の一つである。あるテキストのなかで彼は、正真正銘の可能性ではあるが、まだ現実ではない出来事が存在するかどうかをめぐるパズルを考えている。次の二つの命題を見てみよう。

1．明日、海戦は起こるだろう。
2．明日、海戦は起こらないだろう。

われわれは通常、次の日が来て、天気良好により海戦が勃発するか、それとも、天気不良により各々の艦隊に遅延が生じるか、そのいずれかがはっきりするまでは、明日の海戦に関するこれらの命題はどちらも、正真正銘の可能性を表現していると言いたくなる。しかしながら、少し考えてみれば、これはそれほど単純明快ではない。直観的で広く受け入れられた論理規則の一つによれば、事実に関する有意味な命題はどれも、真または偽のいずれかでなければならない。この規則は**二値原理**と呼ばれる。また別の広く受け入れられた論理規則によると、いかなる命題についても、その肯定と否定の両方が同時に真となることはありえない。これは**無矛盾律**と呼ばれる。これらの規則を両方受け入れるなら、勃発するかもしれないと考えられている海戦の前日、その海戦に関する二つの命題の一方は真であり、他方は偽である。（どちらが真でどちらが偽であるかを、われわれは知らないとしても。）言うまでもなく、未来に関する他のどんな命題についても同じことが成り立つだろう。このことから、宿命論は次のように結論する。結局は生じることのなかった未来の出来事はどれも、それがいかにもっともらしくありそうに見えたとしても、実際にはそもそも可能でさえなかったのだ。そして、実際に起きたどの出来事も、それが起きないことなどありえなかったのである。このことが意味するのは、未来に生じるどのような出来事についても、それとは別のことが起こる可能性はないということだろう。論理的宿命論は、未来の出来事につきまとう、因果的な必然性には一切言及しない。そこで問題となっているのは、現在の状況を仮定したうえで、自然法則にしたがうと、次に何が起きるかということではない。問題はむしろ、未来に関する相矛盾する命題がどちらも、正真正銘の可能性であることが論理において許容されるかどうかである。論理的宿命論のもっとも重要な帰結は、選択と行為という人間の自由に関わる。論理的宿命論が正しいとすれば、われわれは自由ではありえないように思われる。どの未来の出来事も確実に起こるだろう（あるいは、起こらないだろう）ということが今真であるならば、未来の出来事がどうなるかを変える術はわれわれにはない。

アリストテレスはこの結論を退けた。彼の回答は、未来に関する命題は二値原理に対する例外であるというものだ。その説明によると、未来に関する相矛盾する命題は、単に潜在的な状況を記述するだけで、現実を記述するものではない。未来に関する二つの矛盾する命題のいずれか一方が、ある時点において真とならなければならないということは正しいが、いずれの命題も今真ではない。

アリストテレスの見方は、人間の自由についてほとんどの人が抱く、哲学的とは言えないような、標準的見解と見なされるべきものとも一致する。その見解にしたがうと、人間の選択は、まだ現実化されていない未来の出来事を具体化するのに一役買う。選択がなされ、その最終的な帰結がはっきりするまで、未来は確立されず現実化されることもない。人間の選択は諸々の理由にもとづく。だが、どの理由がもっとも重要かを決定するまで、われわれの選択はどちらにも転びうる。

アリストテレスの解決に対しては、二、三の反論が可能である。*もっとも大きな問題は、時間に関して彼がおく諸前提と関わりがある。アリストテレスの回答はあきらかに、時間に関する動的な理論を前提としている。過去の事実は決まっているが、未来の事実は単に潜在的であるという点で、過去と未来には違いがある、アリストテレスはそう仮定している。未来の事実は単に潜在的な身分しかもたず、人間の選択や時間の経過とともにその身分は変化するのである。

* アリストテレスの回答にまつわる一つの技術的な問題は、それが正しいとすれば、正確な予測が不可能になるように思われるということだ。誰かが海戦の勃発を予測し、実際にそのときが来たとすれば、その予測がなされた時点で、未来の海戦についてその人が述べたことは正しかったとわれわれは言いたくなる。しかし、アリストテレスの解決において、未来の出来事は単なる偶然として説明されるのであるから、ある未来の出来事が可能であるという主張は真でありうるとはいえ、それが現実になる以前に、現実になるだろうと語ることは真でも偽でもありえないことになる。とはいえ、誰かが正確な予測を行ったとすれば、われわれとしては褒めてやりたいと思う。事実、スポーツくじはこのような考えにもとづいている。これに対してジョン・マックファーレンは、予測の真理値は文脈依存的であると応答している。すなわち、ある予測が真理値をもつと考えるべきかどうかは、それが評価される文脈に依存するというのである。言いかえれば、マックファーレンの主張はこうだ。「明日、海戦が起こるだろう」というような言明は、海戦の前には真でも偽でもないが、当の事実が成立した後に、遡ってその正確さを評価しうる。この点について誰が正しいかははっきりしない。だが、時間に関する動的な理論を退ける他の強い理由があるかどうか（あるように思われるが）は、さらに検討すべき論点の一つである。

この応答は、時間に関する静的な理論を支持してわれわれがこれまで議論してきたことにより、その根拠を失う。静的な理論にもとづくと、過去と呼ばれる出来事と未来と呼ばれる出来事の間に、現実的か潜在的かといった区別はない。時空の異なる空間的切片あるいは時間的切片のなかで、すべては無時間的に起こる。（相対論から学んだように）何らかの座標系において、あらゆる出来事は過去であるとともに未来でもあり、こうしたパースペクティブのどれも特権的ではない。すべての出来事はあるがままに無時間的に存在する。それゆえ、宿命論は次のように主張するかもしれない。静的な理論において、未来は開かれておらず、自由意志も存在しないことになるのだ、と。この立場を**形而上学的宿命論**と呼ぼう。これは論理的宿命論の重要な主張を支えている。すなわち、事実に関する言明はすべて真か偽のいずれかであり、「未来」に関する言明（あるパースペクティブから見て、その発話の時点において未来と見なされるものに関する言明）も例外ではない。形而上学的宿命論に取り込まれた二値原理は、時間における出来事の身分について静的な理論がとる形而上学的な立場から引き出される。

宿命論につながることは、静的な理論にとって困ったことだろう。どの瞬間においても、本当に可能な出来事の成り行きは一つだけだと示唆しようものなら、必然的な出来事と偶然的な出来事の間にある通常の区別が台なしになってしまう。宿命論においては、人間が出来事の成り行きに影響を及ぼすことはできないと言われる。われわれが何をしようとも、後の出来事は（あるがままに無時間的に存在するのだから）起こるべくして起こる。にもかかわらず、われわれの選択が出来事の成り行きに影響を及ぼしうることも、まったく無意味というわけではない。歴史は結果的に特定の形に落ち着くが、異なる展開になりえたという考えもたしかにある。数学の真理とは異なり、出来事がどうなるかに関する事実は必然的真理ではない。静的な理論ははたして、出来事の偶然性を説明することができるのだろうか。

すでに見たように、静的な理論は他の多くの点で十分な支持を得ている。静的な理論によれば、ある日に海戦が起こるならば、その海戦に関する命題の真理をいつ考えるかにかかわらず、それは常にその日に起こる。海戦が「未来」、「現在」または「過去」のいつ起こるかは、その出来事を考える瞬間における当人のパースペクティブにもとづく心理的投影の問題である。アリストテレスが言う意味での、単に「潜在的な」出来事など存在しない。対立する事態には論理的矛盾が含まれるというのと同じ意味において、海戦が起こることや起こらないことが論理的に必然というわけではない。だが、それにもかかわらず、海戦に関する正しい言明は、それがいつ発話されたとしても、それが真であることは確実なのである。アリストテレスの回答は、時間に関する動的な理論と運命をともにする。だが、すでに第4章で見たように、論理も物理学も動的な理論を支持しない。静的な理論が正しいとすれば、未来に関する命題への二値原理の適用は適切であるように思われる。

しかしながら、幸いなことに、これが意味するのは、静的な理論が宿命論にコミットするということではない。L・ネイサン・オークランダーは、時間に関する静的な理論に賛同する一方、この理論から宿命論が帰結することを否定する。ある出来事が起こるという事実は、仮にそれが真であるとすれば、無時間的に真であることに彼は同意する。このことはしかし、そうした事実に関する真理が、ある特定の時点での誰かの選択に左右されることはありえないということを意味しない。ナポレオンが一八〇一年のコンコルダートに署名するという、無時間的な事実を例にとろう。オークランダーは次のことを指摘する。静的な理論の支持者は、この出来事に関する無時間的な事実を認める一方、その事実の存在は、署名の直前、ローマ・カトリック教会と協定を結ぼうとしたナポレオンの意思決定に起因すると考えてもまったくかまわないのだ、と。二値原理により、「ナポレオンがコンコルダートに署名する」という言明は無時間的に真でなければならない。だが、同じ原理を仮定しても、ナポレオンが意思決定をする前に、この言明が真であることの原因がすでに効力をもったことにはならない。したがって、未来に関する言明はすべて真または偽のいずれかであることに同意してもよいが、未来の出来事はどうすることもできないと結論する必要はない。こうして、静的な理論の支持者は一挙両得を狙うことができる。すべての事実は無時間的に真であるが、だからといって、あらゆる出来事が不可避であると考えなくてもよいのだ。

とはいえ、このように回答したからといって、自由意志に対する障害がすべて取り除かれたわけではないことに注意しなければならない。宿命論は問題ではないとしても、因果的決定論がまだ残っている。因果的決定論は、われわれが出来事を左右するという考えに対して別種の批判を突きつける。

因果的決定論

アリストテレスと同じギリシアのクリュシッポス（紀元前三世紀）は、論理学者として高い評価を受けた。彼はまた、因果や自由、徳にも関心を向けた。そして、自由に対する関心に絡んで彼は、宿命論と**決定論**の両方を論じた。決定論は、表面上は宿命論に似ているが、因果あるいは自然による必然化という、まったく異なる問題に関わる教義である。宿命論は単に次のように主張する。未来に関する言明はすべて無時間的に真または偽のいずれかであるとすれば、どの出来事も、それが自然法則と一致して生じるかどうかにかかわらず、実際に生じるとおりに生じ「なければならない」。これとは対照的に、決定論は自然の因果と関係する。決定論が述べるのは、すべての出来事には原因があり、したがって、すべての出来事は途切れることなく過去へと遡る因果の連鎖によって決定されているということだ。このことは、自らの選択を本当に左右することができるという考えと両立できないように思われる。他の出来事と同様、人間の選択も世界における出来事にすぎない。それゆえ、他の出来事と同じく、人間の選択は過去の状況（それが行為者の内側にあるか外側にあるかにかかわらず）により決定されている。少し言葉を変えるとこうも言える。決定論によると、過去のあり方と自然法則を前提としたとき、どの出来事も実際にそうであるとおりに（自然法則にしたがって）展開しなければならない。過去も自然法則も人の支配下にはないのだから、見かけに反して、人間は結局、自らの選択さえ左右することができないのである。選択が因果的に決定されているとするこの見解は、時間に関する動的な理論に特有のものでもなければ、静的な理論に特有のものでもない。というのも、因果と自然法則の概念は、いずれの理論においても受け入れられているからだ。

決定論の立場は一般に、**科学的自然主義**とつながりをもつ。科学的自然主義とは、すべての出来事は（超自然に対して）自然なものであり、それゆえ、自然法則にしたがって説明することができるという見解である。フランスの数学者にして天文学者であったピエール＝シモン・ラプラスが、天体力学に関する彼の理論において、神はどのような役割を果たすかと尋ねたナポレオンに対し、「陛下、私にはそのような仮説は必要ありません」と答えたことはよく知られている。すべての出来事が自然なものであり、自然な出来事はすべて自然法則にしたがって起こるとすれば、すべての出来事は先行する原因と自然法則により決定される。ラプラスはこの考えを、仮説上の全知の予言者という思考実験を用いて説明している。この予言者は、自然法則に関するすべての事柄とともに、宇宙の現在の状態についてもすべてのことを知っている。自然主義が正しいとすれば、全知の予言者は申し分なく正確に未来を予言することができるだろう。

われわれは、宇宙の現在の状態はそれに先立つ状態の結果であり、それ以後の状態の原因であると考えなければならない。ある知性が、与えられた時点において、自然を動かしているすべての力と自然を構成しているすべての存在物の各々の状況を知っているとし、さらにこれらの与えられた情報を分析する能力をもっているとしたならば、この知性は、同一の方程式のもとに宇宙のなかの最も大きな物体の運動も、またもっとも軽い原子の運動をも包摂せしめるであろう。この知性にとって不確かなものは何一つないであろうし、その目には未来も過去と同様に現存することであろう(1)。

こうして、自然主義から決定論が導かれる。因果的決定論はおそらく、自由意志にとっては宿命論よりもずっと大きな問題である。宿命論とは異なり、アリストテレスが正しく、時間に関する動的な理論が真だとしても、決定論は自由意思にとって問題である。なぜなら、すべての出来事が先行する原因から生じるとすれば、未来の出来事は事物の現在の状態によって先行決定されているので、未来の出来事が今本当に現実化されていないかどうか（その言葉の意味が何であれ）は、問題にならないからだ。*事物の過去のあり方と自然法則を仮定すると、未来におけるわれわれ自身の選択は不可避なのである（図7－1参照）。

因果的決定論は、静的な理論にもとづく自由意志の説明に対しても同等のインパクトをもつ。思い起こしてもらいたいのだが、オークランダーは次の点を指摘することにより、自由意志と静的な理論が両立可能であると述べた。すなわち、ある時点でなされた意思決定に言及して、ある出来事の無時間的な事実を説明することに何ら支障はないということだ。しかしながら、オークランダーのこの応答は、究極的には個人のコントロールを超えた因果的な諸要因によって、当の意思決定それ自体が不

＊　ここでは量子力学を無視している。量子力学が示唆するところでは、観察されていない出来事はすべて確率的にしか正しく記述されない。だが、不確定性が量子力学を支配することは、自由にとって何か重要な意味をもつようには見えない。仮に諸々の選択がランダムな量子の揺らぎに由来することが示されたとしても、だからといって、われわれが自らの行為に対して決定力のある制御を行っていることを示したことにはならないだろう。これに関しては、後の第8章でさらに検討する。

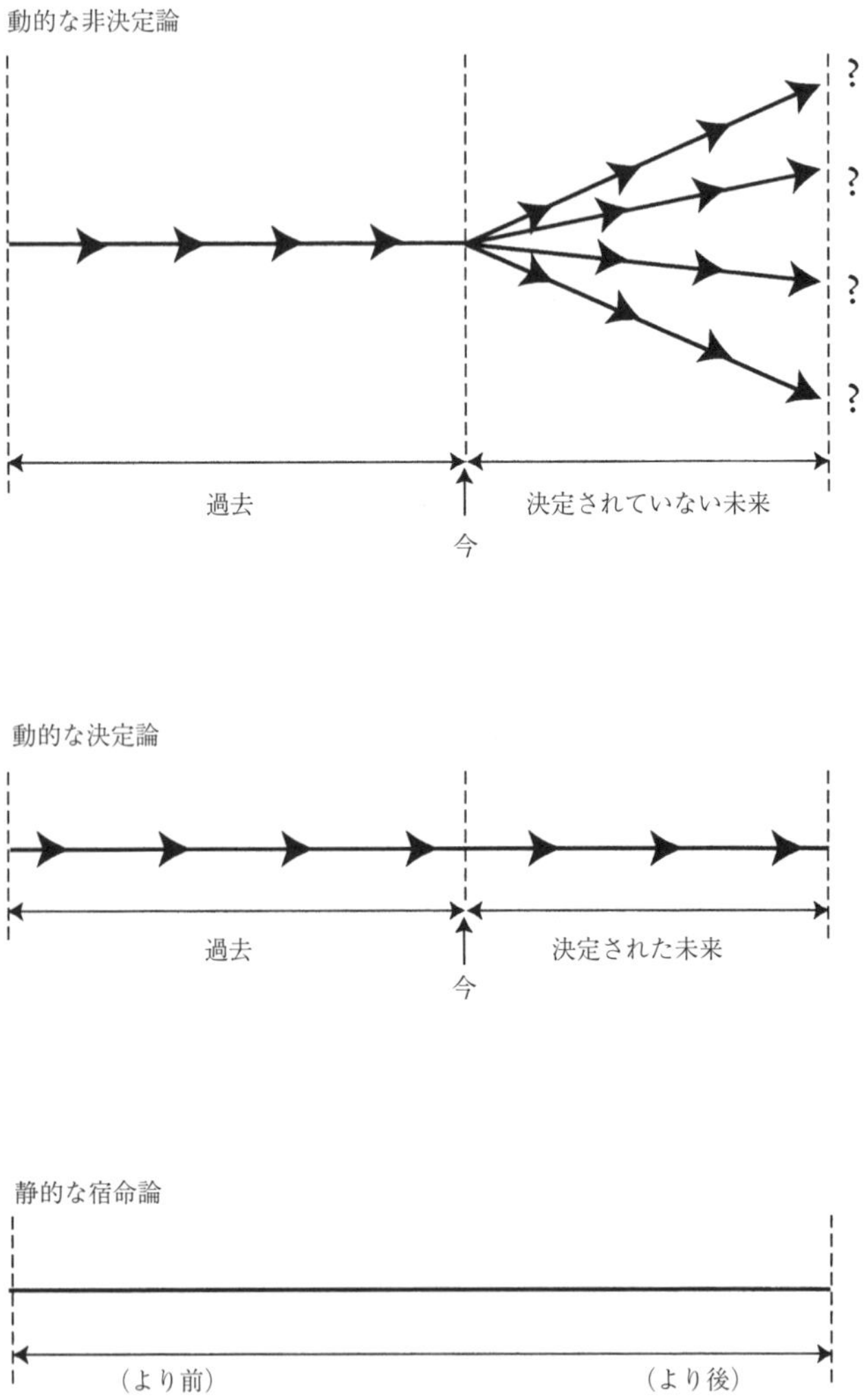
動的な非決定論
?
?
?
?
過去
今
決定されていない未来
動的な決定論
過去
今
決定された未来
静的な宿命論
（より前）
（より後）

図7－1

可避になってしまうのではないかという問題については何も述べていない。

ラプラスが想定した全知の予言者は、クリュシッポスにとってはおなじみのアイデアの一例にすぎない。クリュシッポスは、論理的宿命論とともに因果的決定論を受け入れた。アリストテレスと同じく、人間が自由である可能性についての彼の関心は、徳と責任に対する関心にもとづくものだった。宿命論がそうであるように、決定論もわれわれが自由ではないことを含意するように思われる。すべての出来事が自然法則により決定されており、人間が行う選択も世界において生じる出来事であるとすれば、われわれの選択それら自体も究極的には、自分たちには制御不可能な、先行する出来事によって決定されていることになる。このような状況では、道徳的責任を問うことは可能ではないように思われる。

宿命論および決定論に対する応答：両立論

この問題に答えてクリュシッポスは、自由意志を正しく理解すれば、それは決定論と両立可能であると示唆した。この応答は両立論と呼ばれ、決定論および宿命論に対するもっとも人気のある哲学的応答であり続けている。クリュシッポスは、生起することが因果的に決定された出来事と、論理的に必然である出来事を区別する。論理的な必然性は、論理的矛盾を含意する命題とは逆のものと関係している。ある出来事が決定されていると主張するにせよ、宿命づけられていると主張するにせよ、いずれのケースにおいてもわれわれは、この種の論理的な必然化について語っているのではない。人間の選択が因果的に決定されていようと宿命づけられていようと、それらは論理的に必然なのではない。続けて、クリュシッポスは次のように指摘する。われわれが手を貸すことで引き起こされる出来事と、外部の原因のみによって引き起こされる出来事を区別することができる。クリュシッポスが論じるところでは、ある行為が自由であるのは、外部の原因ではなく、自らの意図に起因する場合である。意図的な行為が自由であるというのは、次のような意味においてである。崖を飛び降りるのは自由な行為だが、背中を押されて崖から落ちるのは自由な行為ではない。もちろん、飛び降りようという意図を本人がやがてもつという事実は、因果的に先行決定されている。そうであっても、両立論の支持者は、次の二種類の出来事を区別することができる。すなわち、自らが望んだために生じたという意味でコントロール可能な出来事と、それと同じ意味においてコントロールされない出来事は区別される。クリュシッポスは（現代の両立論者と同じく）、道徳的責任という概念は自らの意図にもとづく行為に適用されると主張する一方、これらの意図そのものは先行決定されていてもよいと考えるのである。

時代は随分後になるが、ライプニッツもまた、**神学的宿命論**から自由と道徳的責任を救うために両立論を受け入れた。神学的宿命論とは、とりわけ有神論者が直面する、自由をめぐる問題である。それは全知の神の存在を信じる人々にとって重要となる（はずの）問題だ。神が全知であるならば、神はわれわれがなすことすべてを完全に予見していることになる。神が完全に予見しているならば、未来におけるわれわれの選択が、未来における実際の選択と異なることはありえない。だとすれば、われわれはどうして自由であると言えるのか。この懸念は宿命論と決定論がともにもつ諸側面に共通する。それは、時間に関する動的な理論の文脈の内部においても生じうる問題である。神が存在して完全に予見しているとするならば、正真正銘の代替的可能性という意味での開かれた未来など、われわれには与えられていないことになる。神が見越しているとおりに、物事は展開するだろう。

神学的宿命論に対するライプニッツの応答は、決定論に対するクリュシッポスの応答とよく似ている。それは、何かをすることが論理的に必然であることと、未来においてそれをすることが単に偶然的に真（そして完全に予測可能）であることを区別するというものである。神の予見が意味するのは、われわれがこれから何をするかを神が知っているということにすぎない。しかし、このように完全に予測可能だからといって、われわれの行為が必然化されるわけではない。なぜなら、「可能」という言葉の論理的な意味においては、われわれが現実とは異なる行為をすることはやはり可能だからである。このようにライプニッツは論じる。

ライプニッツにとっては不幸なことに、個人の道徳的責任を擁護することが主眼である場合、両立論は神学的な文脈ではあまりうまくいかない。ライプニッツ自身の理解にしたがうと、神とは次のような存在である。すなわち、われわれが本性上、諸々の状況（これも神によってあらかじめ定められている）のもとで、正確に予測したとおりに行為するように、意図的にわれわれを創造したのが神である。だとすれば、神が以前の考えをくつがえし、生じた帰結に対してわれわれに責任を負わせるというようなことがどうして可能だろうか。こうした理由により、有神論者はより強い自由意志の概念を支持して、両立論を却下する傾向にある。

有神論に特有のこの問題は別として、時間に関する静的な理論から導かれる、形而上学的宿命論に対して両立論をとることも可能である。無時間的に存在する出来事のうち、人間の意図が一定の役割を果たす出来事と、そうではない出来事を区別することができる。論理的宿命論と形而上学的宿命論のどちらにしたがうのであれ、未来を変えることはできない。だが、未来に影響を及ぼすことはできる。出来事のなかには、人間の意図的な行為によってもたらされるものと、そうではないものがあるのだ。

自由意志の擁護者は通常、自由についての両立論者の考えはあまりにも弱すぎると応答する。そのような考えは、選択の自由に何が求められるかに関するもっとも自然な理解とは言えない。カントが両立論の自由を「惨めな言い逃れ」と特徴づけ、それを「肉あぶり機の自由」と呼んだことはよく知られている[2]。他の多くの論者と同じく、真に未決定の二つの可能性のなかから選択することに余地を残さないような自由の概念は、自由によって一般に意味されるものを捉えておらず、道徳的責任を説明できないとカントは感じたのである。カントと同じドイツのアルトゥル・ショーペンハウアーも、「人は自ら意志することをなすことはできるが、自分が何を意志するかを意志することはできない」といった格言により、両立論に潜むパラドクスを簡潔に表現した[3]。

一般的な自由の概念にはもっと大きな欠陥がある、両立論者はそう応答する。非両立論の自由の概念を仔細に見てみれば、根本的な概念上の混乱が明らかになる。非両立論、すなわち**自由意志論**の自由にしたがうと、自由な行為は真に未決定の出来事であり、それ自体は開かれた未来の何らかの側面を決定するという。これは端的に不整合である。ある人の行為がその人の意志によって引き起こされず、また何か外部の力によって引き起こされもしないとすれば、残る可能性はただ一つ、その行為はランダムである。つまり、原因をもたないこれらの出来事は、偶然により生じた出来事なのだ。しかし、偶然により生じた行為は、誰の目から見ても自由ではない。自由意志論の自由の概念によれば、自由な行為は決定されていないが、それと同時に、自ら左右することができるという。だが、これら二つの特徴は両立不可能である。自由意志論のより強い自由の概念にまつわる問題は、それが出来事に対する自己矛盾的なA-系列の性質帰属を前提とすることに加えて、この概念それ自体が自己矛盾的だという点にある。*

　自由意志論における自由な行為という概念は、オークランダーも述べるとおり、「人もしくは自己によって引き起こされた行為」であるように思われるが、ここでいう人や自己とは、「科学的な予測可能性や外部の因果の領域とは別のところで、創造という自発的行為を行う実体的主体」である。この自由な行為は厳密な意味では予測不可能であるにもかかわらず、ランダムな出来事や偶然の出来事が原因をもたないのと同じ意味で、何ら原因をもたないというわけでもない。自由意志論者は、行為者が行為する理由の観点から説明可能でありながら、ラプラス的な意味においては決定されていない

＊　量子のランダム性による非決定論が目下の議論に関連しないのは、こうした理由のためである。ランダムな出来事に起因する意思決定は、自ら制御可能であるという特徴をもちえない。

行為があってほしいと考えている。だがしかし、ある行為が理由にもとづくものでありながら、因果的に説明できないというようなことがありうるどうか、これはまったくあきらかではない。行為者が理由にもとづいて行為するなら、それは因果的な説明になる。というのも、その行為者がこれらの理由をもつようになったのはなぜかに関して、因果的な説明がきっと存在するからだ。他方、行為者が理由にもとづいて行為しないなら、その行為は故意もしくは意図的なものではなく、それゆえ、自由意志論が要求するような意味では、やはり自由ではない。

したがって、両立論の自由が唯一の整合的な提案である。しかし、両立論が堅固な意味での道徳的責任を可能にするかどうかはまったくあきらかではないので、これは多くの人々にとって議論を招く結論だ。諸々の行為の背後にある意図が完全に当人の遺伝的要因や経歴、自らが置かれた状況の産物にすぎないことを認めるならば、仮に犯罪が起こったとき、その責任がこうした行為にあるとどうして主張することができるだろうか。

実際、道徳的な報復のみを目的とする懲罰は、両立論では疑問視されることになる。しかしながら、犯罪抑止や社会復帰を目的とした懲罰なら、両立論においても余地は残される。というのも、犯罪抑止や社会復帰は、行為に対する外的な影響という考えと矛盾しない概念であり、事実、そうした概念に依拠してもいるからだ。

現実に、政治上のリベラルは、懲罰それ自体よりも、犯罪抑止や社会復帰を好む傾向にある。その限りにおいて、両立論を支持する諸々の議論はまた同時に、犯罪や懲罰に関するリベラルな立場を支持する議論を構成する。経済および教育における機会均等に対するリベラルな態度についても、同じことが言えるかもしれない。これらすべてについて、選択と結果の両方に対する歴史および状況の影響が強調される。

この点に関して政治上の保守主義は通常、人々が自らの生活に対して強い責任感をもたない限り、社会は機能しないと応じる。誰もがみんな、自らの悪い行いをすべて、過去になすりつけるようなことになってはいけない。誰もがより強い自由を信じるようになったとき、社会はよくなる。仮にこの種の自由が論理的に破綻しているとしても。実際、これはもっともらしく聞こえるが、ここから次の不穏な問いが生じる。真実を知るよりもむしろ、自由に関して間違った考えを保持する方が重要だということはないか。この原理が当てはまる（つまり、真実を知るよりも、誤った考えを保持する方が有益だと言える）別の問題領域は存在するだろうか。哲学的な正当化はできないとしても、客観的な道徳規則の存在を、みんなが信じている方がよいのかもしれない。また、適正な証拠がまったくないとしても、過ちを罰する神の存在を、みんなが信じている方がよいのかもしれない。

訳者注

（1）ラプラスによるテキストの日本語訳については、内井惣七訳『確率の哲学的試論』（岩波文庫、一九九七年、一〇頁）を参照。

（2）カントの議論については、中山元訳『実践理性批判』（光文社文庫、二〇一三年）を参照。とくに「肉あぶり機の自由」という表現が使われる文脈は次のとおり。

……原因性としての自然法則にしたがって、時間のうちで発生する出来事のすべての必然性を、自然のメカニズムと呼ぶことができる。……この機械のような組織が物質によって動かされる場合には、この出来事の経過が起こる主体を物質的な自動機械《アウトマトン・マテリアレ》と呼ぶことができるし、観念によって動かされる場合には、ライプニッツとともに精神的な自動機械《アウトマトン・スピリトゥアレ》と呼ぶことができる。そして人間の意志の自由が精神的な自動機械の自由であり、心理的で比較的な自由であって、超越論的な自由、すなわち絶対的な自由でないのであれば、ゼンマイをまいておけばあとは自動で運動する肉あぶり機の自由以上のものではないだろう。(前掲書、第二巻、八一-八二頁)

(3) ショーペンハウアーの発言とされるこの格言が本当に、自由意志の立場から両立論の自由を批判したものであるかどうか、訳者は確信がもてない。(ショーペンハウアーは「意志の自由について」のなかで、自由を主題として議論を展開している。私の見る限り、彼の批判のポイントは、人々は両立論的な自由を自由意志と混同しており、単なる自己意識では自由意志の存在を示したことにはならないということであるように思われる。)私信にてバードン氏に問い合わせたところ、自由意志に関するショーペンハウアーの最終的な見解が、どのようなものであったかは定かではない。そうではあっても、両立論の自由は真の自由ではないというのが、ショーペンハウアーの考えだったとは言えるだろう。

引用文献

Aristotle. *On Interpretation.*(アリストテレス『命題論(新版アリストテレス全集第一巻)』内山勝利・神崎

繁・中畑正志編、岩波書店、二〇一三年）
Chrysippus. www.theinformationphilosopher.com.
Leibniz, G. W. *Theodicy.*（「弁神論」ライプニッツ『ライプニッツ著作集（6）・（7）』収録、佐々木能章訳、工作舎、一九九〇-一九九一年）
MacFarlane, John. "Future Contigents and Relative Truth," *Philosophical Quarterly* 53 (2003), 321-336.
Oaklander, L. Nathan. "Freedom and the New Theory of Time", in *Questions of Time and Tense*, ed. by Robin Le Poidevin (Oxford : Clarendon Press, 1998).
Smith, Quentin, and Oaklander, L. Nathan. *Time, Change, and Freedom : An Introduction to Metaphysics* (New York : Routledge, 1995).

本章の諸問題に関連する他の文献

Earman, John. *A Primer on Determinism* (Dordrecht, NL : Reidel, 1986).
Hasker, William. *God, Time, and Knowledge* (Ithaca, NY : Cornell University Press, 1998).
Sobel, Jordan Howard. *Puzzles for the Will* (Toronto : University of Toronto, 1998).
Williams, Clifford. *Free Will and Determinism : A Dialogue* (Indianapolis, IN : Hackett, 1980).

第8章　宇宙のはじまりと終わり

時間それ自体にはじまりや終わりはあるのだろうか。宇宙はずっとそこにあったのか、いつかはなくなってしまうのか。こうした問題に取り組むにあたり、まったく異なる二つの探究方法が用いられてきた。（アリストテレスとライプニッツを代表とする）関係主義と（カントを代表とする）観念論においてはそれぞれ、理性のみを用いて、時間にはじまりや終わりがありうるかを理解することが試みられた。（現代の物理学的宇宙論を代表とする）実在論は、この主題に関する着想を得る過程において、多くの推測を交えながらも、経験的な方法論に依拠している。

関係主義：アリストテレスと永遠の変化

アリストテレスは、時間に関する自分の分析にしたがえば、宇宙の永続性をめぐる諸々の結論が引き出されることになると考えた。アリストテレスは、時間にはじまりや終わりがあるという可能性を否定した。思い起こしてもらいたいのだが、アリストテレスにとって時間は変化の尺度にすぎない。彼は次のように論じる。特定の変化のプロセスに最初の瞬間はあってもよいが、変化それ自体に究極的なはじまりや終わりはありえないのだ、と。何か変化が起こるためには、変化の諸条件が適切に存在していなければならない。そして、そのためには、この変化の諸条件を適切にもたらした先行プロセスがなければならないのである。変化の終わりについても同様だ。ある変化のプロセスの終わりはどれも一つのプロセスを表しており、そのプロセスの終わりには変化の終わりとなるさらなる出来事の存在が要求され、以下同様に続く。変化には最初も最後もない。また、時間は変化の尺度にすぎないのだから、時間にははじまりもなければ終わりもない。時間と時間によって測定される変化する宇宙は永遠である。アリストテレスにとっては、時間のどの瞬間も、より前の時点とより後の時点の中間点でしかありえないのだ。

実際、時間にはじまりがあるという考えを受け入れることはむずかしい。宇宙にはじまりがあるとすれば、それを生じさせた何かが、先行して存在しなければならないのではないか。だがそうすると、ここで言われるはじまりは、時間それ自体のはじまりではないはずだ。それは単に時間のなかで生じた何かだろう。

歴史上、関係主義をとったもう一人の偉大な哲学者であるライプニッツが、アリストテレスとは逆の結論にいたったことは興味深い。アリストテレスと同じく、ライプニッツもまた時間は関係にすぎないと考えた。時間とは、実在するものを理解する際に用いられる知的抽象である。世界にははじまりがあること（すなわち、世界の創造）を要求する神学的見地に心を動かされて、（後に「ライプニッツとクラークとの往復書簡」の一部となる手紙のなかで）ライプニッツは、宇宙、したがって時間それ自体も、最初の出来事もしくは事態とともにはじまったと論じた。アリストテレスとは異なり、ライプニッツは、時間にはじまりがあることから、時間以前の時間といった無意味が帰結するとは思わなかった。ライプニッツは自らの立場をアリストテレスと明示的には対比しなかったが、アリストテレスの議論は、時間を出来事の容器として扱うニュートン的な考えに酷似しており、時間を因果関係からの抽象として扱う考えではないと感じていたようだ。宇宙にはじまりがあるとすれば、時間にもはじまりはある。しかし、だからといって、時間のはじまりに時間的な位置があることは含意されない。

ニュートンに味方するサミュエル・クラークは「往復書簡」のなかで、ライプニッツに対して二枚舌を使うなと不満を述べた。宇宙は創造されたと言いながら、何らかの時点において創造されたわけではないというようなことは言えない、クラークはそう応じたのである。クラークはまた、ライプニッツが神の能力を矮小化しているとも主張した。関係主義にとって、時間は出来事から関数的に決まるにすぎず、それゆえ、時間は宇宙が創造されるときに創造される。だがそうすると、神は別の時点において宇宙を創造することはできなかったことになるが、全能の創造者ならそのような選択も可能だったと考えられるはずだ。これに対して、ライプニッツは次のように応答する。宇宙がもっと昔から存在することは可能だった。神が宇宙により多くの出来事を付け足しさえすれば、宇宙は（関係主義的な意味において）もっと昔から存在したことになるだろう。これを説明するため、ライプニッツは図8－1のような図表を自ら提示する。

現実の宇宙は、A－B－C－Dの出来事からはじまる。より多くの出来事が起こることを神が望んだとしたら、A–B–C–Dへいたる何らかの出来事を神は創造することもできただろう。ここで、R–S–A–Bの出来事は、A–B–C–Dの出来事と因果的に関係している。そしてまた、時間的継起とはまさに、ともに存在するわけではない出来事が因果的に関係するということの、その関係に他ならない。因果的に関係するより多くの出来事を含む宇宙を創造することは結局、

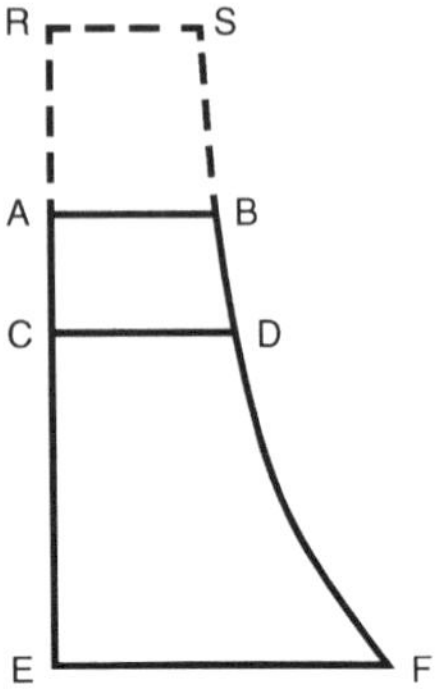

図8–1

「より前」の宇宙を創り出すことなのだ。ライプニッツはこうして、宇宙が創造された絶対時間上の時点を前提とすることなく、関係主義においても神による創造を語ることができると主張した。

観念論：カントの二分法

時間についての観念論者であるカントは関係主義を却下した。というのも、時間はある種の関係というよりはむしろ、量（多いとか少ないということがありうる何か）であると考えざるをえないからだ。変化、あるいは順次関係する出来事が多いという意味でのより多くの時間という関係主義的な考えは、われわれの感性において時間が果たす役割を捉えていない、カントはそう感じた。彼はニュートンのような実在論者ではないが、時間は直観的には、ニュートン流の出来事のための容器のようなものとして表象されるという点に同意した。そのとき不可避的に生じる問題は、この容器が無限か否かということである。

カントは、彼に特有の抜け目のないやり方で、宇宙の時間的な境界というこの問題に取り組んだ。『純粋理性批判』においてこの問題が扱われる一節は、第一の「純粋理性のアンチノミー」と呼ばれている。カントにとっての**アンチノミー**とは、矛盾する結論を支持する二つの論理的に妥当な論証に直面してしまう状況のことである。このような状況ではいずれにせよ、論証の一方もしくは両方に誤った前提があることになる。ある一般的な（だが誤った）前提のもとでは、宇宙は時間において限りがないという結論を肯定すると同時に、それを否定する論理的に妥当な論証が得られてしまう、カントはそう考えた。この矛盾を露呈させることにより、アンチノミーを可能にする誤った前提なしで済ませる方途を示そうというのが彼の意図である。

見かけ上の矛盾をどのように解消すべきかを示す前に、これら矛盾する論証をそれぞれカントは提示する。彼はまず、世界には時間におけるはじまりがなければならないことを示す、妥当な証明と自らが考えるものを提示する。カントは次のように議論をはじめる。「かりに世界には、時間的にいかなる端緒もないと考えてみよう。そうするとどの時点をとってみても、その時点にいたるまでに永遠の時間が経過していることになる。ということは、世界において物が継起する状態の無限の系列がすでに過ぎ去ったことになる」[1]。もしも世界に時間におけるはじまりがないとすれば、どの時点をとっても、無限の時間が現実に経過したのでなければならない。どこかに到達するために無限の距離を越えなくてはならないとすれば、その場所にたどり着くことはできない。それと同じように、何かが起こるために無限の時間が経過しなくてはならないとすれば、それが起こることは決してないだろう。

永遠に終わりはないのだから、永遠の終点に位置する時点を、われわれが今経験していることなどありえない*。このような論法により、世界が存在したのは有限の時間でしかないことが、疑いの余地なく示されたとカントは主張する。（カントは、時間に関する静的な理論の観点から考えていたわけではない。だが議論のため、静的な理論がこの論法にどのように影響するとみられるかという問題は、ここでは無視することにしよう。）

世界が時間において有限であることを示すこの論証は、正反対の結論を支持する、一撃必殺と評される別の論証と対比される。この論証においてカントはまず、宇宙には時間におけるはじまりがあると想定する。まさにアリストテレスが主張したように、最初の時点という考えには、手に負えない概念上の不整合があるように思われる。先立つ瞬間のない瞬間などというものが、どうしてあると言えるのだろうか。これはちょうど、空間に端や境界を想定するのと同じぐらいばかげている。向こう側に空間のない空間上の境界などというものが、どうしてあると言えるのだろうか。境界をもつ時間があるとすれば、それが意味するのは次のことだろう。

端緒の前には、世界が存在していなかった時間が、空虚な時間が流れていたに違いない。しかし空虚な時間においては、〔ある事物が〕生起することはできない。というのは、この空虚な時間のどの部分も、他のいずれかの部分よりも優先されて、非存在の条件にたいして現実存在の条件を区別する違いを含んでいないからである（このような条件が自然に発生するか、別の原因によって発生するかはここでは問題ではない）[2]。

宇宙や宇宙における出来事が存在するより前の時間（「空虚な時間」）は、区別できるような特徴を一切もたない時間であるとカントは述べる。文字どおり何も起こっていないとすれば、空虚な時間のどこか別の瞬間ではなく、まさにその瞬間において、宇宙が存在するようになったのはなぜか。また、そのとき最初の出来事が生じたのはどうしてか。そして、これらは何によって説明されるというのか。** このような論法により、宇宙に時間におけるはじまりはありえないことが、疑いの余地なく示されたように思われるとカントは主張する。

逆の結論にいたるこれら二つの論証により、解決すべきジレンマが残される。どちらの論証も（少なくともカントによれば）論理的に妥当である。だから、いずれの論証であれ、それが成り立たないと

＊　この論証には、一一世紀のペルシャ・アラブの哲学者アル・ガザーリーによる、無限の過去の時間に対する反論の影響が強く見られる。

＊＊　パルメニデスやアウグスティヌスにとっておなじみのこの問題は、神による創造説と無神論の両方に当てはまるように意図されている。上記引用における括弧つきのコメントのなかで、カントは次のように述べている。宇宙が「自然に発生する」としても、空虚な時間のどの特定の瞬間にも、事物が生じる原因などないはずだから、これは問題となる。また、宇宙が「別の原因によって」発生するとしても、やはり同じように問題だろう。というのも、神が空虚な時間の別の瞬間ではなくある特定の瞬間に、世界を創造する理由などあるはずもないからだ。

すれば、前提が誤っているからに違いない。事実、カントは次のように論じる。二つの論証はどちらも、同じ誤った前提を共有している。すなわち、時間はそれ自体で実在する何かであるという前提だ。仮に時間がそれ自体で実在する何かだとしたら、宇宙が時間において無限であるかどうかをめぐる事実問題が存在することになる。時間の広がりにまつわるこの難問に対するカントの解決策とは、時間に関する彼自身の観念論に他ならない。つまり、目下の問いに対するカントの答えは、「どちらも正解ではない」というものだ。すなわち、時間は量ではないのだから、無限の量でもなければ有限の量でもない。時間の広がりについて議論することの問題は、時間は広がりをもたないということである。時間とは、境界があろうとなかろうと、出来事のための実在的な容器ではなく、われわれが出来事を経験するときの形式にすぎない。

実在論：ビッグバンに関する物理学

もちろん、時間の広がりに関する関係主義と観念論の結論がどれだけアピールするとしても、その説得力はそれらが与える時間の分析とせいぜい同程度でしかない。すでに見たように、時空に関する実在論は、相対論的な物理学における一つの前提である。もっとも、現行の物理学はまだ不完全であり、実在それ自体の記述と対比する場合、相対論の目的はどこにあるかをめぐる深い問題と関連して、相当な注意を要することも多くある。それはそうとして、科学が実在を捉えていると主張する限りにおいて、現代宇宙論の研究者が、時空連続体の起源とこれからの運命について、自信をもって言えるのはどのようなことだろうか。

二〇世紀初頭にはじまる、エドウィン・ハッブルとその他の天文学者の研究成果のおかげで、宇宙が膨張していることは揺るぎないものとして確立された。さらに、この宇宙の膨張は、「ビッグバン」と呼ばれる（およそ一四〇億年前の）急激な膨張へいたる、高圧縮された状態に遡ることができることも分かった。これこそが、宇宙の、そして時空の本当の「はじまり」だったのだろうか。だとすれば、時間のはじまりに関するこの解釈は、アリストテレスやカントが提起した反論を回避することができるだろうか。また最後に、宇宙論を完全に理解したとき、宇宙がたどる運命の終局について何が分かるだろうか。

近年ブライアン・グリーンが『宇宙を織りなすもの』で説明したように、宇宙論の研究者たちは、この宇宙の最初期に何が起こったかについて、検証可能な理論に接近しつつあるように見える。最近までビッグバンそれ自体は、物理的に説明可能な範囲を超えていた。というのも、相対論的な物理学において、あまりにも高圧縮・高エネルギーの状態にある物質とエネルギーを記述する術が方法論上存在しなかったからだ。そのような状態にある物質とエネルギーは、相対論で説明されるのと同じ力を示さないのである。しかしながら、ここ数十年にわたり、一つの合意に近いものが形成されてきた。宇宙の最初の膨張と、その膨張の過程で見られた加速は、すべての時空の根底にあって、それを満たすある種の場に言及することで説明することができるかもしれないというのだ。これがすなわち、**ヒッグス場**である。（今のところ）仮説的なヒッグス場には、多くの重要な性質がある。それらの性質の一つは、ヒッグス場が反発重力の存在に関わっていることである。(3) インフレーション宇宙論の分野の専門家たちによれば、この反発力によってビッグバンや宇宙の膨張が説明され、われわれが知る宇宙における物質とエネルギーの分布も説明されるだろう。

ヒッグス場はまだ観察されていないが、このような場が存在するならば、他の素粒子間の高エネルギーの衝突において、ヒッグス・ボゾンと呼ばれる粒子が探知可能になると物理学者たちは予測している。そして、もしこうなった場合、理論が正しいことが示されるだろう。ヒッグス場を実験的に探知することこそ、スイスに置かれた新しい大型ハドロン衝突型加速器（Large Hadron Collider: LHC）の大きな目的の一つである。物理学者たちは、衝突加速器によってもたらされる多くの新発見を注視している状況だが、ヒッグス場が実在するという確信は高く、十分なエネルギーをもった衝突がつくりだされれば、その存在はやがて確証されるだろう。*

これがすべてうまくいけば、宇宙の初期状態に関して、以前よりも格段にすすんだ理解が得られるだろう。また、時空の膨張が起こり、今も膨張し続けているのはどうしてかについても理解がすすむだろう。だがしかし、こうした情報が与えられても、時間に関する実在論と宇宙にはじまりがあったというテーゼの連言について、アリストテレスとカントが提起した諸問題に取り組むための助けになるかどうかは定かではない。ビッグバンが宇宙のはじまりだったとすれば、時空にははじまりがあったことになる。これを有意味に理解するには、時間のなかのはじまりというよりはむしろ、時間のはじまりとしてそれを考える必要がある。アリストテレスから学ぶべき教訓の一つは、時間のなかに時間のはじまりがあるということは意味をなさないということだ。とはいえ、時間のはじまりが有意味に理解可能かどうかは、さらに考えてみなければならない。

この問題を回避しうる一つの説明は多元宇宙論《マルチバース》である。多元宇宙論において、この宇宙はわれわれにはアクセス不可能なもう一つ別の宇宙の発展、あるいは、そうした宇宙からの発展であるとされる。多元宇宙モデルによれば、われわれの宇宙はそれよりもずっと大きなシステムからのある種の発散、あるいは、そうしたシステムの分岐である。並行する他の実在という考えは、理論物理学の多くの部分領域において、ここ数十年にわたり突然現れた。様々な問題を解決するため、この種のアイデアが提案されてきたのだ。とりわけ（物理学者のショーン・キャロルが論じたように）、初期の宇宙がありえないほどエントロピーの低い状態にあったことを説明するため、このアイデアを用いることができるかもしれない。

多元宇宙論はとても憂鬱な気分にさせる。この理論にしたがうと、広い宇宙においてわれわれなどとるに足らない存在であるように思われるだけでなく、宇宙全体も多元宇宙のげっぷのようなものにすぎないことになる。さらに重要なことに、多元宇宙論のアイデアは、時間を理解しようとする際には、もっともらしくないばかりか役に立たないのである。第一に、そこで提案される他の宇宙の存在に関する観察結果はなく、科学における倹約の原理（これは「オッカムの剃刀」としても知られる）を前

＊ 事実、LHCの研究者は、二〇一二年七月、ヒッグスらしきものが発見されたと発表した。

提とするならば、観察されるものを説明するのに必要のない存在者や現象を措定すべきではないことが示唆される。多元宇宙が与えられたデータについての最善の説明であることが示されるか、十分に確証された理論によってその存在が強く示唆されるのでない限り（また、そうなるまでは）、無数の他の宇宙を必要もなく措定することは、倹約の原理に根本的に反するように思われる。* 第二に、「もう一つ別の」宇宙という考えが有意味に理解可能であるかどうかは、（少なくとも、目下の議論の文脈では）あきらかではない。仮に存在するとしても、それは定義により宇宙の一部なのではないか。多数の宇宙という考えが有益でありうる他のテクニカルな文脈は存在するが、時間に関する根本的な哲学的問いに、こうした文脈が関わってくるかどうかは検討の余地がある。宇宙の広がりに関する哲学的問いはどれも、多元宇宙に話を移しかえることができるかもしれない。それでもなお、その多元宇宙にはじまりがあるかどうかや、多元宇宙のはじまりが時間のはじまりを意味するかどうかを問うことができるだろう。

ポール・デイヴィスやアラン・グースといった物理学者によって提案された、宇宙の起源に関する理論は、ますます広く人々の間に浸透しつつある。その理論とは、時空が自発的かつランダムに、文字どおり無から出現したというものだ。（その後に続く宇宙の膨張と物質の創出は、一般に受け入れられた諸原理にしたがって進行するだろう。）いくつかの理由により、この回答は多元宇宙論よりもさらに不十分であるように思われるかもしれない。とりわけ、次の点はそうだろう。ある種の出来事が他の出来事に続いて起こる、そうした規則について語ることが科学の務めである。にもかかわらず、宇宙の発生に関するこの理論によれば、きわめて重要な出来事がまったくの無に続いて起こるとされる。

しかしながら、完全に気まぐれな説明だと言えない点もある。デイヴィスが指摘するところでは、宇宙が膨張するにつれて、より多くの時空が文字どおり無から創造され続けている。そして、量子力学においては、真にランダムな現象が認められており、理由なく無から素粒子がつくりだされることもありうる。だから、（グースの表現を借りると）宇宙は「究極のタダ飯」であるという考えには、それほど根拠がないわけでもない。

だとしても、自然発生した宇宙というこのアイデアによって、時間の境界に関するカントの概念的な問題が処理されるかどうかはあきらかではない。多元宇宙論では、永遠に過去へと広がる時間が検討すべき問題として残される。他方、自然発生説では、時間の最初の瞬間が問題として残されてしまう。どちらのオプションも、形而上学上の問題を生じさせる。このジレンマこそ、カントの観念論的解決を動機づけたものなのだ。

『ホーキング、宇宙を語る』のなかでホーキングは、時空に関する一つの捉え方を提案している。宇宙に時間的な境界を設けるべきか否かめぐる哲学的な諸問題の一部は、この時空の捉え方により処理されるかもしれない。ホーキングもまたカントと同じく、宇宙は常に存在したという命題と、宇宙

＊　多元宇宙論にもとづく諸々のアプローチに関する広範囲の議論と擁護については、ブライアン・グリーンの著書『隠れていた宇宙』を参照せよ。

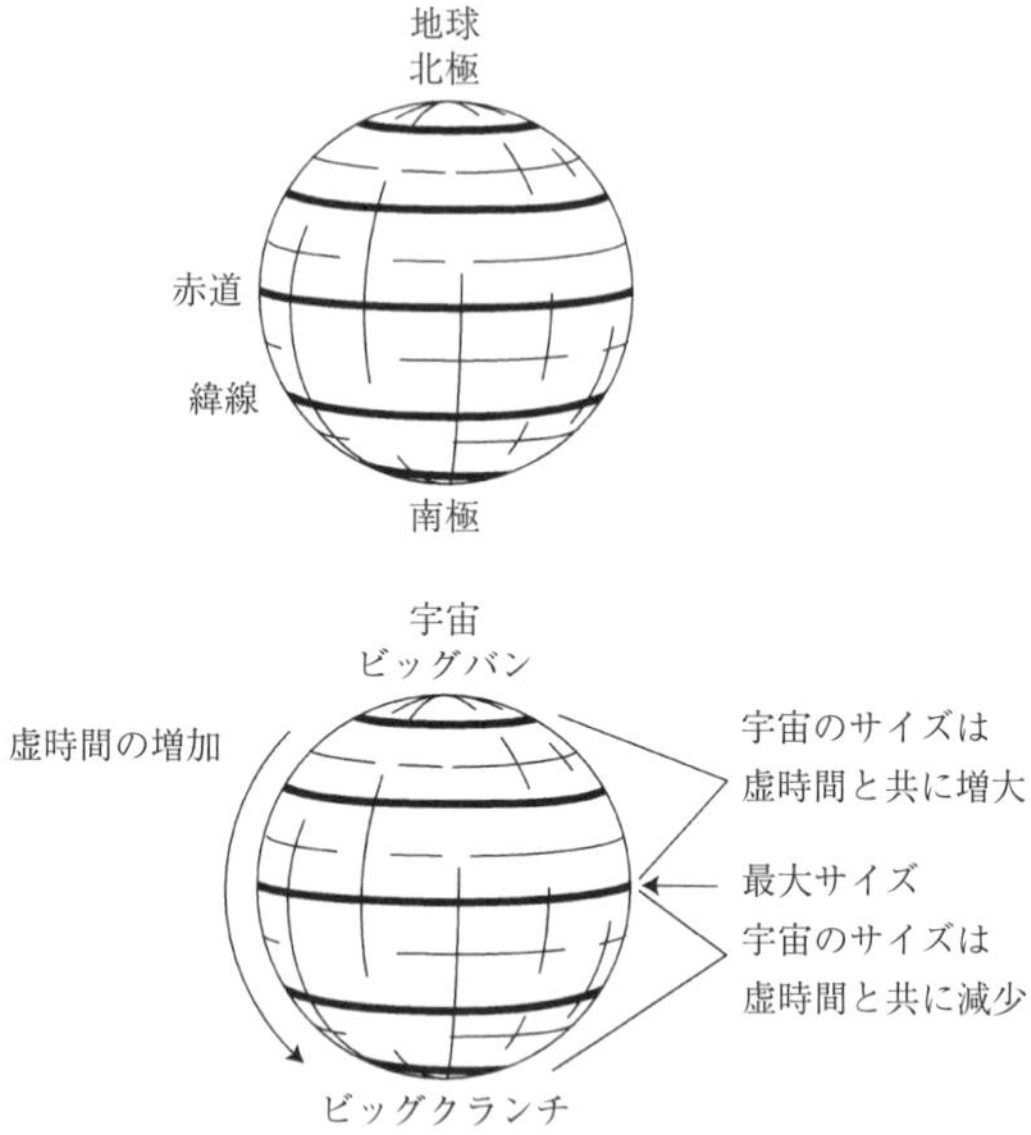

図 8-2　ホーキングの時間に関して自足的な宇宙のイメージ図

にはじまりがあったという命題の両方に頭を悩ませる。すでに述べたように、宇宙を描く標準的な相対論のモデルでは、宇宙の歴史はすべての物質とエネルギーの究極的な圧縮状態のようなものにまで遡るとされる。われわれが知るところの物理学では、そのような状態についてはほとんど何も分からない。したがって、宇宙の歴史を描くこのモデルにおいて、一見手に負えない哲学的問題や物理学上の問題がもたらされる結果となる。宇宙には先行する時点のない時間におけるはじまりはあるが、宇宙がなぜ存在するようになったかは物理学では説明できないのである。別のアプローチが存在しない限り、哲学でも物理学でも、宇宙の起源を記述することや説明すること、あるいは、それを有意味に理解することさえできないように思われる。

ホーキングは、時間において無限でもなく境界があるわけでもないものとして宇宙を描くモデルを用いることで、この問題に回答を与えている。これは**無境界説**と呼ばれる。宇宙および時空の歴史にははじまりと終わりがある一方、境界はないような仕方で表現することができるというのがホーキングの主張である（図8-2参照）。彼のお気に入りのアナロジーは、宇宙のはじまりを地球の北極に、そして、宇宙の終わりを地球の南極に喩えるものだ。任意の緯度における地球の円周は、宇宙の空間的な広がりを表す。宇宙はその歴史の「中間」に向かうにつれてより大きくなり、両端に向かうにつれて小さく点になる。*

＊　以上、スティーヴン・W・ホーキング著、『ホーキング、宇宙を語る』からの引用。（Bantam Books, a division of Random House, Inc. の許可のもと使用。本書の外部での、この資料の第三者による使用は禁じられている。許可を得るには、Random House に直接申請すること。）このモデルには「ビッグクランチ」が含まれている。ビッグクランチにおいては、時間におけるどこかのポイントで、宇宙は膨張の逆をたどり自ら崩壊する。それゆえ、このアナロジーにおいては「南極」が必要になる。ホーキングが著書を執筆していた時点ではあまりはっきりしなかったが、最近の（一九九八年ごろからはじまる）天文学上の観察を通じて、宇宙の膨張における加速がさらに指摘されるようになった。この段階においてもっともありそうな予測は、ずっと膨張し続ける宇宙がついには、物質の分布が最大に達して、エネルギーが消散した状態にいたるというものだ。言いかえれば、宇宙はやがて永遠に、完全に冷たく不活性な状態に入るということである。だとすれば、時空の「終端」は、無限であるという意味において境界がないように見えるだろう。

このモデルによって成し遂げられる重要なことは、そこで描かれる時空にははじまりと終わりがあるが、時空それ自体にいかなる境界もないということである。北極と南極はこの惑星の「はじまり」と「終わり」であるが、それらは縁《へり》や境界などではない。ホーキングのモデルは宇宙を有限なものとして表現するが、この地球上の何ものも北極より北に位置することはないのと同じように、このモデルにおいて「時間より前にある時間」は要求されない。さらには、北極だろうが南極だろうが、他のどの場所でも同じように、通常の物理法則が適用される。このモデルによれば、時空にはある意味で「最初」の点が存在する。だがしかし、その向こう側に何かが存在することを含意するような、縁は必要とされないのである。

だがしかし、ビッグバンも出来事ではないかと言われるかもしれない。ビッグバンを含め、出来事が時間のなかで起きないことなどどうしてありうるのか。そして、ビッグバンが時間のなかで起こるならば、その瞬間に先立つ時点が存在するに違いない。さて、これに対する答えは、ビッグバンは出来事ではないというものだ。宗教哲学を専門とするブルース・ライヘンバッハは、次のように述べている。

相対論という一大理論を前提とすれば、ビッグバンは決して出来事ではない。出来事は時空という文脈の内部で起こる。だが、ビッグバンに時空という文脈はない。それゆえ、ビッグバンに先行する時点は存在しないし、ビッグバンが起こる空間も存在しないのである。よって、時間のある瞬間において起こる物理的な出来事として、ビッグバンを考えることはできない。ホーキングも述べるように、有限の宇宙に時空の境界はなく、ゆえに、特異点やはじまりはない（Hawking 1988：116, 136）。時間は多次元かもしれないし、虚時間かもしれない。その場合、はじまりの特異点へ漸近的に近づいても、決してそこに到達することはない。そして、はじまりがない以上、宇宙に原因は必要とされない。せいぜい言えることは、宇宙は過去に関して有限であるということであって、それがはじまりの出来事であるということではない。

静的な理論の宇宙のブロック・モデルにおいて、こうしたアプローチは自ずと示唆される。ホーキングはその事情を次のように説明する。

> 一般相対論において、時間は宇宙の出来事にラベルを与える座標にすぎない。時空連続体の外部では、それは何の意味ももたない。宇宙がはじまる前に何が起こったのかと問うことは、地球上の北緯九一度に点を求めるようなものだ。そんなものは定義されていない。宇宙が創造され、そして、おそらく終わりに向かっていると語るよりも、単に次のように言うべきなのだ。宇宙が存在する、と。

こうして宇宙には、時間におけるはじまりはないが、実在する時空の最初の段階があることになる。

だとすれば、このモデルは、時間の広がりに関するわれわれの懸念を巧妙に扱うように見える関係主義や観念論に対して、別の代案を示していることになる*。

自らの限界に直面して

無境界モデルは時間の広がりに関する古くからの哲学的難問を巧妙に回避するものの、多くの人々にひどく受け入れがたいと思われてきた、宇宙に関するある事柄を示唆するように思われる。すなわち、宇宙が現実にあるとおりにあるのはなぜかという問いや、宇宙はそもそもなぜ存在するのかという問いについて、先行して外から与えられる理由はないということだ。無境界説は、宇宙の存在や本性について、先行する説明を必要としない。宇宙はただ存在し、現実にあるとおりに存在するにすぎない。この説のどこにも、時間のはじまりをもたらすものはなく、またこのモデルのどこにも、自然法則が現実にあるとおりに存在するのはなぜかについて、とくに説明を要求するものはない。このアイデアの神学上の重要性については、ホーキングも承知している。

時空に境界がないならば、境界での振る舞いを特定する必要もない。宇宙の初期状態を知る必要はないのである。時空の境界条件を定める何か新たな法則や神の存在に頼らざるをえないような、時空の縁など存在しない。次のように言うこともできるだろう。「宇宙の境界条件とは、宇宙に境界がないことなのだ」、と。宇宙は完全に自足的であり、外部の何ものにも影響を受けないだろう。

創造されることもなければ、破壊されることもない。ただ存在するだけだろう。宇宙にはじまりがあると信じる限りは、創造主の役割は明確であるように思われる。だが、宇宙に境界や縁はなく、はじまりも終わりもなく、本当にそれが自足的に存在するならば、答えはそれほど明白ではない。その場合、創造主の役割とは何か。

言うまでもないが、こうした結果を神学者はあまり気にしない。だが、これに対してどんな反論が可能だろうか。ホーキングの提案は、歴史的に神学者が、さらには哲学者も必然的真理だと主張することもあった、ある原理に違反するように思われる。その原理とはすなわち、どんなものもその存在には原因があり、すべての肯定的事実には、それが真であることの説明や理由があるという原理である。この原理（ライプニッツにならって、これを**充足理由律**と呼ぼう）を信じることは通常、神聖な創造主の存在を信じることと結びついている。充足理由律は、宇宙をつくりだした意識的な創造主の存在を証明するとされる、よく知られた論法の根拠である。この種の論証は、神の存在を示す**宇宙論的証明**として知られる。あるバージョンの宇宙論的証明の著名な提唱者のなかには、アリストテレス、一一世紀のペルシャ・アラブの哲学者イブン・スィーナーとアル・ガザーリー、一三世紀のカトリック教会

＊　ここまでの議論のポイントは、無境界モデルが正しいということではない。そうではなく、宇宙が存在する原因を時間の内にも外にも要求しないような、実在の時空を含む宇宙の完全な実現モデルを描くことは、少なくとも矛盾なく可能であることが示されたということだ。

の神学者トマス・アクィナス、そしてライプニッツが含まれる。それは今日でも多くの有神論者の間で支持されており、アブラハムの宗教的伝統の根幹と評されることさえあるかもしれない。この証明には二つの主要なバージョンがあり、どちらも充足理由律に依拠している。すなわち、「第一原因による証明」と「偶然性からの証明」である。これら二つのバージョンの証明はそれぞれ、宇宙には時間におけるはじまりがあるか、それとも、宇宙は常に存在したかのいずれかであるという、カントが考えた二つのオプションに対応する。第一原因による証明では、宇宙に時間におけるはじまりがあったことが前提とされ、それゆえ、宇宙を構成する一連の出来事を開始する最初の原因がなければならないと主張される。

〈第一原因による証明〉

- 宇宙にははじまりがあった。
- はじまりがあるものはすべて原因をもつ。
- ゆえに、宇宙には原因があった。
- 宇宙が存在することの唯一可能な原因は、神聖な創造主である。
- よって、神聖な創造主が存在する。

これに対して、偶然性からの証明は、宇宙に時間におけるはじまりがあったことを前提としないように意図されている。

〈偶然性からの証明〉

- 偶然的に存在するもの（すなわち、論理的必然によって存在するのではないもの）にはすべて、それが存在することの理由や説明がなければならない。
- 宇宙は偶然的に存在する。
- ゆえに、宇宙にはそれが存在することの理由や説明がある。
- 宇宙が存在することの唯一可能な理由や説明は、神聖な創造主である。
- よって、神聖な創造主が存在する。

第一の証明では、先行する原因なしに時間に境界があるという考えを、有神論がどのように退けるかがうまくまとめられている。また第二の証明では、説明はできないが宇宙はずっと存在したという考えを、有神論がどのように退けるかが表現されている。

第一原因による証明は、いくつかの欠陥を抱えている。第一に、宇宙には時間におけるはじまりがあることが前提とされているが、すでに見たように、アリストテレスとカントはそれぞれ、このオプションの整合性について深刻な疑念を提起した。第二に、多元宇宙論においては、時間におけるはじまりのない、より大きな無限の多元宇宙を用いた回答がなされるはずである。第三に、ホーキングのモデルでは、時間におけるはじまりのない有限の宇宙が整合的に記述される。それゆえ、宇宙に時間におけるはじまりがあるというのは当たり前のことではない。第四に、第一原因による証明では、すべてのものに原因があることが前提とされている。しかし、量子力学（ともあれ、この理論を構成する要素は疑う余地なく確証されている）においては、少なくとも素粒子の性質や振る舞いのレベルで、原因のない出来事の存在が認められる余地がある。

　偶然性からの証明において、これらの反論のいくつかは回避される。というのも、宇宙にはじまりがあることは前提とされないからだ。論理的には、宇宙はこれまでずっと存在したかもしれないし、そうではなかったかもしれない。だが、宇宙が存在する以上、その理由がなければならない。偶然性からの証明では、このようにしか主張されていないのである。しかし、すべてのものに、理由や説明がなければならないのはどうしてか。（言いかえれば、充足理由律を真と考えるべきなのはなぜか。）たしかに、日常経験においてわれわれは、現実に生じる事物にはそれが生じたことの原因があり、したがって、それは説明可能だと考えがちである。このことからわれわれは自ずと、生じた出来事の原因を経験しないケースや、原因にまで遡る推論を行うのに必要な情報が与えられていないケースについても推論を行ってしまう。調べられる事実には往々にして説明があるのだから、調べられない事実にも説明があるはずだと考えてしまうのである。

　すべての出来事は潜在的には説明可能であるという前提のおかげで、世界の成り立ち（落雷によって火事が起こるとか、バッファローの肉は健康によいとか）について理論形成が促される。そして、これらの理論は予測を行ううえで価値がある。こうした傾向には適応上大きな利点もあり、自然選択の過程で本能的に、説明可能性を前提とするようになったというのはありそうなことだ。しかし、有神論の宇宙論的証明においては、世界のなかの出来事や事実に関するテーゼ（すなわち、これらの出来事や事実にはすべて原因や説明があるというテーゼ）が、全体としての宇宙の存在に適用されてしまう。宇宙は出来事や事実から構成されると考えられるかもしれない。さらに、宇宙とは出来事や事実の総体であると言えるかもしれない。だが、日常の出来事や事実には原因や説明があるという経験にもとづく前提が、出来事や事実が存在するというメタ的事実にも適用されるというのは、そんなに当たり前のことだろうか。（因果的説明の要求をここまで広げてしまうのは、因果性という概念の誤った適用ではないか。カントはこれを問題視した。）われわれの経験を前提とする限り、「何もないのではなく、何かが存在するのはどうしてか」という問いが有意味に思えるのも理解できる。しかし、これが適正な問いである証拠が、われわれの経験を通じて現実に与えられるかどうかは定かではない。

科学哲学の研究者がしばしば口にするように、説明はどこかで終わりを迎える。世界に関する事実は、何らかの自然の規則性に包摂されることで説明可能となるかもしれない。そして、その規則性もまた、より根本的な事実により説明可能であるかもしれない。さらにその事実も、より根本的な自然法則により説明されるかもしれない。こんな風に説明の連鎖は続くかもしれない。だがどこかで、事物は現実にあるとおりにあるとしか言えないポイントにいたる。バートランド・ラッセルはこれを、「動かしようのない事実（brute fact）」と呼んだ。それに代わる唯一の可能性は、終わりのない説明の連鎖だ。しかし、その方がマシとは到底言いがたい。

有神論者は、この自然世界に関して、動かしようのない事実の存在を認めない。有神論者は、事物が現実にあるとおりにあるのはどうしてかという問いは適切だと主張し、さらに、この問いに答えるには、神聖な創造主が存在しなければならないと主張する。しかし、このように問うことを動機づけているのは、すべての事実には説明が必要だという、真偽の疑わしい規則である。仮にこれが正しいとすれば、神聖な創造主に関する事実もまた説明を要するように思われる。それゆえ、有神論者が前提とすることにもとづくならば、存在するとされる創造主が究極的な説明として機能することはありえない。

この段階において、有神論者がとりうる唯一の選択は、次のように応じることである。神聖な創造主の存在は、さらなる説明を要しない、宇宙に関する動かしようのない事実なのだ、と。だが、このような応答が受け入れられるなら、（数学者のジョン・アレン・パウロスが近年述べたように）根本的な自然法則で説明を終わりにしないのはなぜか。自然法則や宇宙の存在が、動かしようのない究極の事実ではありえないのはどうしてか。超自然的な創造主を説明に加えるよりも、自然法則や宇宙の存在を動かしようのない事実として認める方がシンプルだ。超自然的な創造主なるものは結局、話しを複雑にするだけで、十分な証拠などまったくないのだから。

さらには、哲学者ロバート・ノージックがかつて問うたように、もしも何も存在しなかったとしたら（すなわち、宇宙など存在しなかったとしたら）、何かが存在するのではなく何もないのはどうしてかと問うことも、同じくらい適正な問いとなりえたのではないだろうか。何かが存在する可能性はたくさんあるが、何もない可能性は一つしかない。したがって、何かが存在するよりも、何もないことの方がずっと特別な状態である。だから、何も存在しなかったとしたら、それこそ説明を要するように思われる。

神が存在するとしたら、どうして存在するのかと問うことができるだろう。他方、神が存在しないとしたら、どうして存在しないのかと問うこともできる。今やあきらかとなりつつあるのは、文法的には妥当だが文字どおり答えがないような問いを、われわれは表現できてしまうということだ。「宇宙が存在するのはどうしてか」というのは、そうした問いの一つであるかもしれない。いらだたしいことだが、われわれが問いうるすべての問いに、答えがあるとは限らないのである。答えのない問いや、有限だが境界はなく説明もされないホーキングの時空に対して、われわれは不満を抱く。その不満はおそらく、自分たちを取り巻く事物がどうしてうまく機能しているかを説明する理論があるはずだという、本能的な期待に由来するのだろう。こうした本能は、自然で適応的でもある、われわれのもつ傾向性に基礎づけられている。だとすれば、ここで述べたわれわれの不満は、情報が与えられていないことよりもむしろ、事物をあるがままに受け入れることに対する心理的な抵抗に深く関係している。（もう一つのありふれた例として、自らの死すべき運命を受け入れることにまつわる困難が挙げられる。）少し文脈をずらしてシェイクスピア風に言えば、われわれの過ちはおそらく運命のせいではなく、われわれ自身のせいなのだ。

訳者注

（1）カントによるテキストの日本語訳については、中山元訳『純粋理性批判5』（光文社文庫、二〇一一年、第一部第二章第二節、五三-五四頁）を参照。

（2）前掲書、五四頁。

（3）著者によれば、ここでいう「反発重力（repulsive gravitational force）」は、いわゆるダークエネルギーを指す。ダークエネルギーの正体は知られておらず、現状では推測の域を出ないが、これを仮定しなければ、宇宙の加速的膨張をはじめ、いくつかの観測結果が説明できない。その意味で、これは単なるＳＦ上の想定ではない。

引用文献

Alexander, H. G., ed. *The Leibniz-Clarke Correspondence*（Manchester, UK: Manchester University Press, 1956).（「ライプニッツとクラークとの往復書簡」ライプニッツ『ライプニッツ著作集（9）』収録、西谷裕作・米山優・佐々木能章訳、工作舎、一九八九年、二六三-四二八頁）

Aquinas, Thomas. *Summa Theologica.*（トマス・アクィナス『神学大全』高田三郎・山田晶・稲垣良典ほか訳、創文社、一九六〇-二〇一二年）

Aristotle. *Physics.*（アリストテレス『自然学（アリストテレス全集3）』出隆・岩崎允胤訳、岩波書店、一九六八年）

Davies, Paul. *Superforce.*

Greene, Brian. *The Fabric of the Cosmos*（New York: Knopf, 2004).（ブライアン・グリーン『宇宙を織りなすもの』青木薫訳、草思社、二〇〇九年）

——. *The Hidden Reality* (New York: Knopf, 2011).（ブライアン・グリーン『隠れていた宇宙』竹内薫監修、大田直子訳、草思社、二〇一一年）

Guth, Alan. *The Inflationary Universe* (New York: Basic Books, 1998).（アラン・H・グース『なぜビッグバンは起こったか』はやしはじめ・はやしまさる訳、早川書房、一九九九年）

Hawking, Stephen. *A Brief History of Time* (New York: Bantam, 1988).（スティーヴン・W・ホーキング『ホーキング、宇宙を語る』林一訳、早川書房、一九八八年）

——. "Quantum Cosmology," in *300 Years of Gravitation*, ed. by Stephen Hawking and Werner Israel (Cambridge, UK: Cambridge University Press, 1987).

Hawking, Stephen and Mlodinow, Leonard. *A Briefer History of Time* (New York: Bantam Press, 2008)

Kant, Immanuel. *Critique of Pure Reason*, trans. by Paul Guyer and Allen Wood (Cambridge, UK: Cambridge University Press, 1998).（I・カント『純粋理性批判』中山元訳、光文社、二〇一〇-二〇一一年）

Nozick, Robert. *Philosophical Explanations* (Cambridge, MA: Harvard University Press, 1983).（ロバート・ノージック『考えることを考える』坂本百大訳、青土社、一九九七年）

Paulos, John Allen. *Irreligion* (New York: Hill and Wang, 2007).（ジョン・A・パウロス『数学者の無神論：神は本当にいるのか』松浦俊輔訳、青土社、二〇〇七年）

Reichenbach, Bruce. "Cosmological Argument," in *Stanford Encyclopedia of Philosophy*, ed. by Edward N. Zalta, http://plato.stanford.edu/archives/win2010/entries/cosmological-argument/.

本章の諸問題に関連する他の文献

Falk, Dan. *In Search of Time: Journeys along a Curious Dimension* (New York: Thomas Dunne Press, 2008).

Mackie, J. L. *The Miracle of Theism : Arguments for and against the Existence of God* (Oxford, UK : Oxford University Press, 1983).

Rowe, William. *Philosophy of Religion : An Introduction* (Belmont, CA : Wadsworth, 2000).

Stenger, Victor. *The Comprehensive Cosmos* (Amherst, MA : Prometheus, 2006).

エピローグ　「時間とは何か」と問うことは間違いか

時間の実在性に関する議論は、過去、現在そして未来の間に実在的な区別があるかどうかをめぐる、パルメニデスの問題にまで遡ることをわれわれは見た。イスラエルの哲学者ユバル・ドレブが考えるところでは、このような存在論的問題を問うことは、ウィトゲンシュタイン風に言えば、「よく分からない混乱を体系的な混乱におきかえている」にすぎない。この文脈において、「実在的」という語は誤用されているとドレブは論じる。「実在的」は通常、ニセや幻覚と対比されるが、それは目下の問題ではない。過去や未来によって何が意味されるかは、われわれが出来事をどのように経験するかということと切っても切れない関係にある。すべての時点は等しく実在し、現在に関して客観的に特別なものは何もないと結論したところで、その結果が一体どうなるというのか。それでもやはりわれわれは、あたかも現在が特別であるかのように行為しなければならない。さもなければ、主体的行為や、それどころか生存も不可能になってしまうからだ。ドレブは次のように示唆する。われわれが目指すべきは、時間の実在性に関する問いをすべて放置し、時間経験についてさらに詳しく考察することだ、と。

カップはここにあると考えながら、コーヒーを飲んでいる人を思い起こしてもらいたい。「ここに」はあきらかに、何かを客観的に指示する表現ではない。宇宙から見れば、何ものもここやそこにあるものとして認識されることはないだろう。宇宙に関する限り、事物はそれが存在するところに存在しているにすぎない。だが、特定の場所と瞬間においてコーヒーを飲む個人にとって、カップはここにあるというような思考は、行為するうえで意味のある指針である。マクタガートやアインシュタインが正しく、特別な意味をもつわれわれの現在、つまり、特権的な動く今のようなものは存在しないと考えてみよう。それでも、今が何時かは、今の私にとって重要な意味をもつ。客観的なパースペクティブから見れば、何の意味もないとしても。ここや今、そして、（主観的な）過去や未来に関する私の信念により、私の行為だけでなく私の感情も説明される。世界に関する私の経験の本質的要素は、このような信念によって構成されている。非人称的な宇宙の観点から事物がどう見えるかを重視するあまり、特定の視点から下されるこれらの判断を完全に無視してしまえば、あきらかに何か重要なものが失われてしまう。第一、われわれは生きていくこともままならないだろう。

客観的に成立するものと、主観的に重要な意味をもつものの間のこの緊張関係は、神は存在せず、宇宙は本来的に無価値だとする実存主義の信条が照らし出す、諸々の結論を彷彿とさせる。ニーチェ、カミュ、そしてサルトルといった実存主義者たちに特徴的なことは、こうした信条を保持しながら、それにもかかわらず、自分たちが重要性を認める事柄に関する選択は、道徳的であろうとなかろうと、実際に重要な問題だと主張する点である。自由それ自体は幻覚であることも実存主義に特徴的な主張だとはいえ、われわれの選択が宇宙に価値を吹き込むと実存主義者たちは言う。これはたしかに、われわれがよいと思うものは、条件つきの主観的な価値しかもたないことを意味する。しかし、だからといって、それに価値を見出すものにとって、結局は共有されないかもしれない仮説上の客観的な価値よりも、その重要性が低いことになるだろうか。われわれの生命など、この宇宙にとってどうでもよいことである。しかし、われわれにとってはとてつもなく重要だ。この先を生きていくには、それで十分ではないか。

だとすれば、時間に関して哲学および物理学から導かれる諸々の結論を、気にかける必要はないという議論もある。われわれの世界の経験はリアルであり、その経験には動的な時間性と時間の向きが根本的に含まれている。理論的で客観的なパースペクティブに変化や向きが含まれるかどうかなど、われわれ人間の関心にとって重要ではない。

われわれの時間経験は、知覚的あるいは感情的な意識に固有のものである。そうであるなら、われわれがすでに得た諸々の結論は、時間についての日常的な思考法を放棄すべきだ（あるいは、それを放棄することができる）ということを意味しないことは明白である。とはいえ、時間の本性についてのこれまでのわれわれの探究が、完全に本筋を外れているなどと締めくくるつもりはない。自然を対象とする科学的研究は、この現在を真面目に捉えるべきかどうかというような問題に決着をつけることはないにせよ、時間に関するわれわれの理解を間違いなく前進させる。さらには、時空、知覚、そして人間の心理学といった科学的探究においてそうであるように、科学的な研究プログラムに関わる際は、その動機や意味、結果を哲学的に熟考する必要もある。

哲学的時間論の歴史から学んだことを踏まえて、私は次のように示唆したい。「時間とは何か」という問いに対する答えがまだ捉えがたいように思われるとすれば、それはおそらく、われわれが間違った問いを立てたからである。時間についてはそれが「何か」よりも「いかにしてあるか」が重要であり、時間は問いであるよりもむしろ答えなのだ。

われわれが経験において知るところの時間は、われわれが自らの経験を適応上どのように組織化しているかという問題に関わる。物理学や宇宙論の文脈では、出来事からなる宇宙を、どうすればもっともうまくモデル化することができるかという問題に関わる。時間がこのようなものであるならば、それは答えである。すなわち、時間とは、経験の組織化や出来事のモデル化の問題に対する一つの解決なのだ。

そうすると、正しいのは関係主義か、観念論か、それとも実在論か。これに対する答えはある部分、それぞれの立場において、どのような自己弁護がなされるかの理解に依存する。

時間について語るべきことの多くは、われわれがどのように出来事を組織化し、関係づけるかに関わっている。その点において、関係主義に一理ある。この意味では、時間はある種の関係であると言えるかもしれない。時間の測定は、地球の軌道のように、観察された運動や変化によりはじめて可能となる。関係主義者のP・J・ズワルトも指摘するように、変化するものがない場所では「時間は止まる」と言われる（比喩表現とはいえ）のは、こうした理由による。

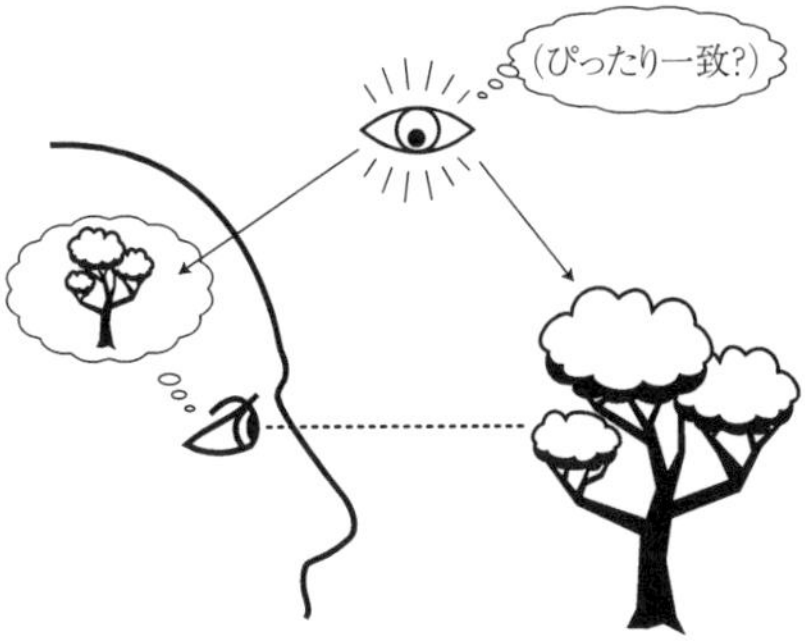

図E‐1 実在と表象のぴったりとした一致？これはわれわれには決して達成できないパースペクティブであり、それゆえ、不可能な比較である。

われわれの時間把握は常に、われわれが事物をどのように理解するかによってもたらされる。その点において、観念論は正しい。時間経験は単に自然を反映したものではなく、むしろある種の構成である。事物を経験するための条件の介入を免れた、もの自体という真にあらわな実在を見通すことなどわれわれにはできない（図E‐1参照）。われわれが自然の記述として考案するものはなんであれ、自然に関する特定の理解を表現しており、最終的で唯一の、完全に独立した記述では決してない。われわれによる自然の表象が、自然それ自体を正しく反映しているかどうかを確かめようとしても、生物種としての人間の外部に立って、これら両者を直接比べる術はわれわれに与えられていないのである。

だがこれに対して実在論は、実在に関する諸々のモデルのうち、多かれ少なかれ成功を収めたものが客観的に存在するという事実から支持を得る。この原理のもっとも分かりやすい実例の一つは、第3章で説明したマイケルソン－

モーリーの実験だ。この実験において、ニュートン流の絶対空間と絶対時間に対する、相対性理論の優位がどのように示されたかが重要である。アインシュタイン－ミンコフスキー時空は、実在に関するあきらかに優れた表象をつくりだす。というのも、これによりさらに多くのことが説明され、もっと精度の高い予測が可能になるからだ。（いっそう優れた理論に取り組むのが物理学者である。）物理科学の最終目標は、自然に関するもっとも包括的で効果的な理論を見出すことだ。時空を実在するものとして扱う理論は、広範囲にわたる説明力と予測力を生み出す一方、比較的シンプルであるという限定的な意味において、観察とぴったり「一致」することを示している。実在する時空を前提とすることで、このようにエレガントで有益な理論が得られるとすれば、時空が本当に実在すると断言して何がまずいというのか。

われわれはたしかに、理論と実在それ自体の一致を独立して検証することはできない。われわれは世界を特定の仕方で経験するようにできている。われわれの世界の経験が正確かどうかを検証するための手段は、思いつく限りどれも、有効性を確かめようとするところの、まさにその同じ生得的な経験的・概念的図式に依存してしまうのだ。とはいえ、シンプルさを保持しつつ説明力において成功を収めた諸理論は、後に続く諸々の発見に関して最善の実績を残している。だから保証されているというわけではないが、科学的方法はここ数世紀にわたり大いに役立ってきたのである。たしかに、われわれの経験を可能にする諸条件とは独立に、宇宙や宇宙における法則をわれわれは決して知りえない。しかし、われわれが実在から収集できるヒント（実験による裏づけにもとづき、自然に関する劣ったモデルを優れたモデルに取り替えることにより、これは得られる）が指し示しているのは、避けられない限界はあるものの、われわれは真実に近づくことができると期待してよいということだ。この事実のおかげで、時間に関するある種の実在論や、関連する存在論的諸問題への継続的なコミットメントは、擁護可能なだけでなく実りの多いものとなる。

時間の本性それ自体に関して言えば、論理学と物理学における諸結果により、静的な時空連続体の観点から厳然と語ることについて、われわれはお墨つきを得ている。それと同時に、（経験に関する必須の概念的諸前提を吟味する）哲学は、（神経科学、心理学、進化論に関わる諸研究、あるいは人類学のような社会科学を含む）様々な経験的研究と手をたずさえて、われわれの時間経験の本性とその限界をあきらかにすることができる。これらの研究により、時間を動的なものとして捉える、われわれの投影的で還元不可能な時間経験の有効性も、それが適切な文脈で理解される限りにおいて認められる。

時間と時間意識に関する哲学的研究は、他にも相当な実績をあげてきた。たとえば、ゼノンの批判は、変化と運動とは何を意味するかを明確化する助けになる。時間経験についての哲学的問いは、脳内の時間知覚を研究する際、何を探求すべきかを示してくれる。時間に関する動的な理論の論理分析を通じて、静的な理論を支持する物理学上の論拠が補強され、時間意識と単なる概念上の前提条件の対立に関して、実在的な現象を区別する手がかりも得られる。それはまた、進化論において追求すべき、時間意識に関する重要な仮説形成にもつながる。時間の向きについてこれまで提案された説明を哲学的に分析すれば、何が科学的解決と見なされ、何がそうは見なされないかが分かる。物理学における時空の理解とあわせて、過去を変えることが論理的に可能かどうかを哲学的に検討してみると、どのようなタイムトラベルなら可能であるかも分かる。時間に関する静的な理論を正しく理解したうえで、自由についてのクリュシッポスによる概念分析を見てみれば、自由意志とは結局どのようなものでありうるか（そして、どのようなものではありえないか）もはっきりする。さらにこれはまた、社会的な文脈で責任や正義といった概念を適用する際、考慮すべき議論となる。

経験科学と手をとりあうとき、哲学は最大の成果をあげる。時間論というこの分野は、こうした関係のすばらしい一例である。哲学的分析を通じて、この領域において取り組むべき問題があきらかになる。また、諸結果の重要性を理解するうえでも、こうした分析は必要不可欠である。時間についての研究は困難だが、時間のムダではない。哲学的時間論の歴史は進歩の歴史である。これほど基礎的で重要なものは他にない、そんな主題をめぐる進歩の歴史なのだ。

訳者あとがき

本書は Adrian Bardon 著、*A Brief History of the Philosophy of Time*（Oxford University Press, 2013）の全訳である。著者のバードン氏はウェイク・フォレスト大学の哲学教授であり、スコット・ファミリー・ファカルティ・フェローを兼任する。時間の形而上学や時間経験の哲学、そして、カントをはじめとする古典研究において専門的業績を有し、これまでに多くの編著書が出版されている。

私がこの翻訳にとりかかったのは、今から四年ほど前である。当時、私は授業で使用するためのテキストを探していた。時間という切り口から哲学の歴史を概観し、物理学や心理学、その他の関連諸科学も射程におさめたうえで、現代の論争の最前線へスムーズに接続してくれる、そんなコンパクトな哲学的時間論の入門書。本書を手にとった私は、これはまさにうってつけの教科書だと思った。

教育的配慮にあふれたテキストでありながら、時間論に関心をもつ一般の読者にとっても、読み物として十分に楽しめる一冊だろう。時間というトピックに限定されるものの、対話の歴史としての哲学の奥深さを感じとることができるし、それが現代の諸問題にどうつながっているかも把握することができる。著者自身の考えが展開される箇所では、批判の目をもち考えながら読み進めれば、きっとゾクゾクする知的興奮を味わうこともできるはずだ。

一般の読者と大学で学ぶ学生に加えて、哲学の専門家や学者の道を志す研究者にもぜひ、本書にお目通しいただきたい。著者のバードン氏も日本語版への序文のなかで憂慮するように、現代哲学はともすると近視眼的になりがちだ。哲学の歴史を知ることは、スケールの大きな知的探究のうねりのなかで、自らの思索がどのような意味をもつかを理解することでもある。他方、古典研究の分野においても、現代の文脈で何が問われているかを知ることは、単なるテキスト解釈を超え、本来の意味での哲学、すなわち、「哲学する」という知的活動へ立ち返る契機にもなるだろう。

すばらしい類書は他にもある（たとえば、ロビン・レ・ペドヴィン著、植村恒一郎・島田協子訳『時間と空間をめぐる12の謎』岩波書店、二〇一二年）が、本書は少なくとも次の三点において優れている。第一に、時間をめぐる哲学の歴史を、観念論、実在論そして関係主義の三つ巴の論争として描き出す試みは（それぞれの内部で看過できない見解の相違はあるにせよ）見通しもよく、バランスの取れた見取り図を提示することに成功している。第二に、現代哲学への接続という観点から言えば、時間の形而上学だけでなく、近年盛り上がりを見せている時間経験の哲学との関連が論じられ、さらに、時間論それ自体に対する（進化論にインスパイアされた）メタ哲学的考察が展開されているのもユニークだ。第三に、本書には随所に筆者自身の考えが示唆されており、平板で退屈な解説書とは一線を画す。実のところ、訳者である私は関係主義的な現在主義に魅力を感じており、これに対して否定的な筆者の立場とは相容れない。にもかかわらず、本書が有益な議論の下地を提供していることは間違いない。

翻訳上の注意として、厳密な逐語訳よりも日本語の自然さを重視した。大きな内容の変更や意味の過不足が生じない範囲で、大胆な表現の工夫を試みた箇所もある。先に述べたとおり、専門家や研究者はもとより、哲学的時間論に関心をもつ一般の読者や、大学生にとって読みやすいテキストであることがなによりも大切と考えたからだ。言うまでもなく、翻訳上のミスはすべて訳者の私に責任がある。

本書の出版にあたり、多くの方々の協力を賜った。そのなかでもまずは、著者のバードン氏にお礼を申し上げたい。バードン氏は翻訳の企画から今日にいたるまで常に私を励まし、数十回にもおよぶ確認のメールにこころよく応じてくださった。加えて、ミネルヴァ書房営業部の畑陽一郎氏は、困難な状況のなか出版の可能性を根気よく探ってくださった。同じく編集部の前田有美氏は、企画から出版までの一連の流れを驚くほどスムーズに進めてくださった。両氏の尽力がなければ、こうして出版に漕ぎ着けることはできなかっただろう。

最後に、訳出の作業段階では、勤務先の大阪市立大学で私が担当する授業において、受講生のみなさんに草稿と内容の検討を行ってもらった。折しも国際ワークショップでの発表のため来日中だったバードン氏に、この授業に参加していただく幸運にも恵まれた。授業後、彼は私にこう言った。「君の学生たちは本当にすばらしい。うらやましいよ」。私も彼らを誇らしく思う。

二〇二一年六月

佐金　武

人名索引

は 行

ま 行

ら 行

事項索引

さ　行

た　行

な　行

は　行

ま　行

や 行

ら 行

わ 行

《原著者紹介》

エイドリアン・バードン（Adrian Bardon）

1968年　ニューヨーク市生まれ。

1999年　マサチューセッツ大学大学院修了，PhD。ウェイク・フォレスト大学助教授および准教授をへて，

現　在　ウェイク・フォレスト大学教授。

著　作　*The Truth About Denial,* Oxford, 2020.

The Future of the Philosophy of Time (editor), Routledge, 2012.

A Companion to the Philosophy of Time (co-editor with Heather Dyke), Wiley-Blackwell, 2013.

The Illusions of Time (co-editor with Valtteri Arstila, Sean Enda Power, and Argiro Vatakis), Palgrave Macmillan, 2019.

《訳者紹介》

佐金　武（さこん・たけし）

1978年　京都府生まれ。

2005年　エジンバラ大学大学院修了，MSc（Philosophy）。

2013年　京都大学大学院修了，博士（文学）。大阪市立大学文学部講師をへて，

現　在　大阪市立大学大学院文学研究科准教授。

著　作　『時間にとって十全なこの世界』勁草書房，2015年。

"Presentism and the Triviality Objection", *Philosophia* 43：1089-1109, 2015.

"A Presentist Approach to (Ersatz) Possible Worlds", *Acta Analytica* 31：169-177, 2016.

"Time without Rate", *Philosophical Papers* 45：471-496, 2016.

「永遠について：現在の視点から」『現代思想』12月号，青土社，2019年，175-187頁。

"Presentists Should Not Believe in Time Travel", *Kagaku Tetsugaku* 53：191-213, 2021.

時間をめぐる哲学の冒険
——ゼノンのパラドクスからタイムトラベルまで——

2021年11月30日　初版第１刷発行　〈検印省略〉

定価はカバーに
表示しています

訳　者　佐　金　　武
発行者　杉　田　啓　三
印刷者　坂　本　喜　杏

発行所　株式会社　ミネルヴァ書房
607-8494　京都市山科区日ノ岡堤谷町１
電話代表　(075)581-5191番
振替口座　01020-0-8076番

冨山房インターナショナル・藤沢製本

ISBN 978-4-623-09257-4
Printed in Japan

時間の世界は不思議なことばかり
竹原 弘 著
A5判三六〇頁
本体二五〇〇円

よくわかる哲学・思想
納富信留・檜垣立哉・柏端達也 編著
B5判二三二頁
本体二四〇〇円

18歳で学ぶ哲学的リアル［改訂版］
——「常識」の解剖学
大橋 基 著
A5判三二〇頁
本体三二〇〇円

ファッションの哲学
井上雅人 著
四六判四八〇頁
本体二八〇〇円

誤解としての芸術
——アール・ブリュットと現代アート
ミシェル・テヴォー 著
杉村昌昭 訳
A5判二〇八頁
本体二八〇〇円

時間の経済学
——自由・正義・歴史の復讐
小林慶一郎 著
四六判三一六頁
本体二四〇〇円

ミネルヴァ書房
https://www.minervashobo.co.jp/